웹디자이너를 위한 자바스크립트

JAVASCRIPT FOR WEB DESIGNERS
By A Book Apart
Copyright © 2016 Mat Marquis
Korean Translation Edition © 2019 by Webactually Korea, Inc.
All Rights Reserved.

이 책의 한국어판 저작권은 저작권자와의 독점 계약으로 웹액츄얼리코리아㈜에 있습니다.
저작권법에 의해 한국 내에서 보호를 받는 저작물이므로 무단전재와 복사·복제를 금합니다.
이 책 내용의 전부 또는 일부를 사용하려면 반드시 저작권자와 웹액츄얼리코리아의 서면 동의를 받아야 합니다.

매트 마키스

웹디자이너를 위한 자바스크립트
JAVASCRIPT FOR WEB DESIGNERS

A BOOK APART | webactually

웹디자이너를 위한 자바스크립트

초판 1쇄 발행   2019년 10월 21일

지은이   매트 마키스
옮긴이   이태상
펴낸이   오상준
편집   김영림, 박민영
디자인   다인

펴낸곳   웹액츄얼리코리아㈜
출판등록   제2014-000175호
주소   서울특별시 강남구 논현로 132길 31 EZRA빌딩 4층
전화   (02) 542-0411
팩스   (02) 541-0414
이메일   books@webactually.com

매거진 웹사이트   www.webactually.com
북스 웹사이트   books.webactually.com
페이스북   facebook.com/webactually
트위터   @webactually

ISBN   979-11-85885-20-9   93000

※ 잘못되거나 파손된 책은 구입하신 곳에서 교환해드립니다.
※ 정가는 뒤표지에 있습니다.

※ 이 도서의 국립중앙도서관 출판예정도서목록(CIP)은 서지정보유통지원시스템 홈페이지
  (http://seoji.nl.go.kr)와 국가자료공동목록시스템(http://www.nl.go.kr/kolisnet)에서
  이용하실 수 있습니다. (CIP제어번호: CIP2019034876)

한국어판 출간에 앞서

한국어판《웹디자이너를 위한 자바스크립트》출간을 기쁘게 생각합니다. 자바스크립트를 볼 때마다 불안했다면 이제는 안심해도 됩니다. 이 책에서 자바스크립트를 자세하고도 이해하기 쉽게 알려줄 것이기 때문입니다. 자바스크립트 구문 규칙, 스크립트 작성 원리, 자료형과 루프를 실전 예제와 함께 배우면, 결국 현명하고 자신 있게 업무 준비를 할 수 있을 것입니다.

– 제프리 젤드먼, 매트 마키스

추천의 글

많은 프런트엔드 개발자가 그렇듯이 저 역시 그 업계에서 배우고 성장하며 여러 기술에 특화된 지식을 쌓았습니다. 특히 HTML과 CSS, 웹사이트 성능 관리에서는 나름의 전문성도 갖추었습니다. 그러나 그동안의 기술 경험이 얼마나 많은지와 무관하게 새로 배워야 할 기술과 도구는 위협적인 기세로 나날이 늘어나고 있습니다.

자바스크립트도 예외는 아닙니다. 저는 오랫동안 자바스크립트에 대해 많이 알려고 하지 않았습니다. 그 대신 에러 메시지를 구글링하거나 스크립트를 복사해서 가공해 사용했지 굳이 코드를 완벽히 이해하려고 하지는 않았습니다.

경력이 10년이 넘는데도 이 책을 보고 다시 오래된 공포가 엄습함을 느꼈습니다. 저에게 자바스크립트는 여전히 낯선 언어입니다. 생판 모르는 사람의 친절함과 검색 엔진에 의존하며 여기까지 왔는데 자바스크립트라는 기술에 막연한 두려움을 느끼며 맞서지 못하는 이유가 무엇인지 궁금했습니다.

그러나 열 페이지 정도 읽었을 즈음, 이 막막한 자바스크립트 괴물에 대한 모든 두려움을 떨칠 수 있었습니다.

자바스크립트에 대해서는 이 업계에서 보낸 시간 동안 알게 된 것보다 이 책을 통해 배운 것이 더 많았습니다. 저자는 매우 직관적으로 자바스크립트를 배울 수 있게 글을 썼습니다. 자료형부터 루프에 이르기까지, 저에게는 블랙박스와도 같았던 이 언어를 드디어 이해하고 쉽게 다룰 수 있게 되었습니다. 이 책은 자바스크립트의 근본 개념을 바탕으로 쓰였으며, 무언가 서두르는 대신 쉽게 실습할 수 있는 예제로 독자를 이끌어갑니다.

이 책은 단지 자바스크립트를 가르치는 것만으로 훌륭하다고 할 수 없습니다. 이 책의 강점은 두려움을 극복하게 만드는 방법에 있습니다. 저는 이 책을 놓을 때 두려움이 사라졌습니다. 마침내 콘솔 타이핑에 망설임 없이 자바스크립트를 대하고 사용할 수 있게 되었습니다. 디자이너든 개발자든, 또는 자바스크립트 초보자든 여러분의 배경과 상관없이 이 책은 재미있고 읽는 데 어려움이 없으며 공감할 수 있다는 점을 알게 될 것입니다. 그리고 저는 여러분이 페이지를 넘길수록 빠져들 것에 매우 흥분됩니다.

— 라라 호건

차례

- 5 | 한국어판 출간에 앞서
- 6 | 추천의 글
- 11 | 서문

- 19 | **chapter 1** 개발 준비
- 39 | **chapter 2** 자료형
- 75 | **chapter 3** 조건문
- 99 | **chapter 4** 루프
- 119 | **chapter 5** DOM 스크립트

- 159 | 결론
- 160 | 감사의 글
- 162 | 옮긴이의 글
- 164 | 참고 자료
- 167 | 참고 URL
- 168 | 찾아보기

일러두기
- 이 책의 주석은 모두 옮긴이 주입니다.
- 원서 예제 코드에 오류가 있는 부분은 한국어판에서 수정했습니다.
- 본문과 부록에 나오는 링크는 삭제되었거나 변경되었을 수 있습니다.

서문

시작하기에 앞서 사과부터 할까 한다. 하지만 그 대상은 독자 여러분이 아니라 자바스크립트다. 나는 경력 초창기에 자바스크립트를 배우기 까다로운 언어라고 유리에 식각할 만큼 심하게 혹평했다.

이는 자바스크립트가 배우기 어려운 언어일 수 있다는 말이기도 하다.

HTML과 CSS도 마찬가지지만 그것에 대해 단편적으로 배울 수도 있다. 무언가 입력하면 결과를 확인할 수 있어 이해하기 쉽다. 이를테면 `border-radius`는 둥근 모서리를 뜻하고 `p` 태그는 단락을 뜻하는 *paragraph*의 줄인 말이다.

그러나 자바스크립트를 시작할 때는 내가 배운 모든 것, 즉 단 한 번도 완전히 이해한 적 없는 변수, 로직, 단어, 수학 등이 새롭고 빙산의 일각에 불과한 것처럼 여겨졌다. 서로 관련된 개념이 지난번보다 각각 더 복잡하게 연결되어 있었기 때문이다. 코드를 작성할 때 그것이 항상 글자 그대로를 의미하지도 않았다. 무언가를 잘못된 곳에 붙여 넣었을 때 자바스크립트는 오류를 일으켰고 내가 실수를 했을 때는 장애가 발생했다.

만약 내 이야기에 악몽이 떠올라 순간 책을 바닥에 내동댕이쳤다면 진정하기 바란다. 나는 자바스크립트의 두려움을 상기시키려는 것이 아니라 나 역시 똑같았다고 말하기 위해서다.

품질이 미심쩍은 스크립트를 어디선가 구해 복사한 다음 최고의 결과를 바라며 페이지를 새로고침하던 것은 그리 오래전의 일이 아니다. 자바스크립트를 완전히 이해하기란 힘들었고 적성에도 맞지 않았다. 나는 개발자였지만 개발자다운 개발자는 아니었다. 그렇다고 해서 로봇처럼 똑똑한 것도 아니었다. 그냥 생계를 위해 일했을 뿐이었다. 자신이 없었다.

한때 내가 그랬던 것처럼 여러분도 열 페이지 정도에 느닷없이 등장하는 '변수 호이스팅'이나 '스코프 체인'을 논하며 100여 쪽에 달하는 이 책을 들고 불안하게 서 있을 수 있다. 그러나 나는 그렇게 만들지 않을 것이고 여러분을 무시하지도 않을 것이다.

자바스크립트는 이해하기 쉽지 않고 모든 내용을 다루는 것도 이 책의 목표가 아니다. 나도 그 모든 것을 알지 못하며 그런 사람이 있을 것이라고도 믿지 않는다. 이 책의 목표는 어떤 언어를 배우든 클릭을 시작하는 순간 가장 중요한 부분에 도달하게 만드는 것이다.

자바스크립트란 무엇인가?

이름부터 조금 헷갈릴 수 있다. '자바Java'라는 단어는 아주 오래된 브라우저 '애플릿applet'이나 서버 측 프로그래밍 언어를 떠올리게 한다. 1995년에 자바스크립트가 처음 등장했을 때 이름은 '라이브스크립트LiveScript'였다(http://bkaprt.com/jsfwd/00-01/). 브라우저가 스크립트를 요청하고 파싱하는 즉시 실행된다는 점에서 수긍할 만하다. 그런데 1995년의 신흥 강자는 단연 자바였다. 라이브스크립트와 자바는 몇몇 구문이 비슷하기도 하여 마케팅 차원에서 '라이브스크립트'를 '자바스크립트'로 바꾸었다.

자바스크립트는 단순하지만 놀랄 만큼 매우 효과적인 언어다. 또한 다른 프로그래밍 언어와는 달리 사람이 이해하는 코드를 브라우저가 이해하는 형태로 변환할 필요가 없다. 즉 컴파일compile 단계가 없다. 자바스크립트는 마크업, 이미지, 스타일시트 등과 같은 다른 자원과 거의 동시에 네트워크를 통해 전송되며 실시간으로 해석된다.

우리는 주로 브라우저를 통해 자바스크립트를 접하겠지만 사실 자바스크립트는 네이티브 애플리케이션부터 전자책에 이르기까지 모든 곳에 존재한다. 가장 인기 있는 프로그래밍 언어 중 하나로 다양한 환경에서 접할 수 있다. 자바스크립트는 인터프리터만 있다면 별다른 제약이 없다. 인터프리터는 브라우저의 일부로 자바스크립트를 파싱하고 실행하는 모듈이다. 즉 오픈소스 브라우저라면 오픈소스 자바스크립트 인터프리터를 포함한다. 인터프리터를 새로운 분야에 적용하면, 자바스크립트 기반의 웹 서버(https://nodejs.org)를 만들 수 있고 집에서 로봇도 만들 수 있다(http://johnny-five.io). 이 책에서는 브라우저 환경에서만 자바스크립트를 다루지만 좋은 소식도 있다. 이 책을 다 읽었을 때 광신적인 과학자가 된 느낌이 든다면 여기서 배운 구문을 사용해 언젠가는 자바스크립트를 이용한 냉동빔도 만들 수 있을 것이다.

인터랙티브 레이어

자바스크립트에서는 마크업으로 이루어진 **구조 레이어**structural layer와 CSS로 이루어진 **프레젠테이션 레이어**presentational layer를 보완하는 **인터랙티브 레이어**interactive layer를 페이지에 추가할 수 있다.

이는 사용자와 페이지의 상호작용에 엄청난 제어력을 제공한다. 심지어는 페이지를 넘어 브라우저 고유의 작동 방식도 바꿀 수 있다. 예를 들면 폼-입력 유효성 검사가 있다. 폼을 제출하기 전에 유효성 검사 스크립트가 모든 입력 필드를 순환하며 그 값이 미리 정한 규칙에 맞는지 확인할 수 있고 그 결과에 따라 폼 제출을 진행하거나 중단할 수 있다(그림 1).

자바스크립트를 사용하면 사용자는 풍부한 경험을 쌓을 수 있다. 새 페이지로 이동하지 않고도 사용자에 응답할 수 있으며 심

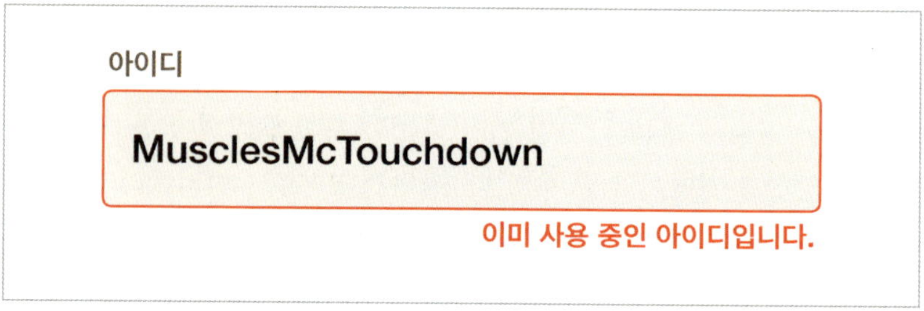

그림 1 페이지를 제출하기 전에 입력값의 유효성 검사가 가능하다. 이는 자바스크립트 학습에서 교과서적인 예이다.

지어 서버에 데이터를 요청하는 일도 가능하다. 또한 브라우저 기능의 빈틈을 메우거나, 버그를 임시방편으로 해결하거나, 최신 기능을 구식 브라우저에 이식할 수도 있다. 요컨대 자바스크립트를 사용하면 HTML이나 CSS 단독으로 할 때보다 훨씬 더 향상된 인터페이스를 만들 수 있다.

자바스크립트의 오명

자바스크립트가 브라우저조차 압도할 정도로 강력함에도 불구하고 어떻게 평판을 나쁘게 받을지는 쉽게 짐작할 수 있다. CSS로 페이지를 사용할 수 없게 하려면 그것을 분명하게 해야 한다. body { display: none; }은 일반적으로 우연히 스타일시트에 만들어지는 것이 아니다. 과거의 나라면 어쩔 수 없이 그것을 넣었겠지만 말이다. 마크업에 일부 실수가 있었다 해도 페이지의 기능을 마비시킬 가능성은 더욱 희박하다. 예컨대 strong 태그를 잘못 사용하면 페이지가 덜 예쁘게 보일지언정 페이지를 사용할 수 없는 것은 아니다. 또한 CSS나 마크업의 오류가 심각한 이슈를 일으키더라도 대개는 시각적으로 드러나기 때문에 HTML이나 CSS가 페이지를 망가뜨리더라도 테스트 과정에서 확인할 수 있다.

그러나 자바스크립트는 다르다. 예를 들어 사용자가 입력한 도로명주소의 유효성을 검증하는 작은 스크립트가 포함된 페이지가 있다고 해보자. 테스트를 위해 '논현로 132길'을 입력하면 아무런 에러도 나타나지 않으므로 폼의 유효성 검사 기능에 이상이 없는 것처럼 보인다. 그러나 유효성 검사 스크립트의 규칙에 세심한 주의를 기울이지 않는다면 주소의 형태가 조금만 달라져도 그 정보를 제출하지 못할 수 있다. 따라서 철저한 테스트를 위해서는 낯선 형태의 주소를 최대한 많이 찾아서 시도해야 하고 그래야만 정보를 놓치는 것을 줄일 수 있다.

웹 초창기, 즉 웹 개발이 신생 직종이던 시절에는 자바스크립트를 다루는 뚜렷한 모범 사례가 없었다. 일관된 테스트는 거의 불가능했으며 자바스크립트 지원은 매우 허술했다. 이 두 가지가 조합되어 신뢰할 수 없고 사이트에 폐쇄적인 수많은 스크립트를 만들어내는 결과를 가져왔다. 한편, 인터넷의 일부 잘못된 기능이 사용자의 브라우저 동작에 영향을 미치는 것을 발견했다. 적용 규정이 일관성이 없거나 아예 존재하지도 않았다. 예상하다시피 이는 좋은 의도로 사용되지 않았다.

지난날 자바스크립트는 많은 비난을 받았다. 믿을 수 없을뿐더러 심지어 위험한 것으로 여겨지기도 했다. 브라우저 안 어딘가에 잠복해 있는 조잡하게 만들어진 팝업 창이나 띄우는 엔진으로 취급되었다.

하지만 시대가 변했다. 의미론적으로 바람직한 마크업과 제대로 된 CSS의 지원을 이끌어낸 웹 표준 덕분에 자바스크립트 구문은 브라우저마다 더욱 일관성을 띠게 되었다. 또한 브라우저 동작에 영향을 미치는 부분에 합리적인 통제가 가능하게 되었다.

그와 동시에 제이쿼리 등과 같이 모범 사례를 기반으로 구축되었으며, 각 브라우저의 특성이나 버그를 정상화시키는 자바스크립트 '도우미' 프레임워크가 등장했다. 그 결과 지금은 개발자가 더 빠르고 품질 좋은 자바스크립트를 작성할 수 있게 되었다.

DOM : 자바스크립트와 웹 페이지의 소통

자바스크립트는 문서 객체 모델Document Object Model: DOM (http://bkaprt.com/jsfwd/00-02/)이라고 하는 API를 통해 페이지 콘텐츠와 소통한다. DOM은 개발자가 자바스크립트를 이용해 문서 콘텐츠에 접근하고 조작할 수 있게 한다. 플리커Flickr API를 사용하면 플리커 서비스의 정보를 읽거나 작성할 수 있듯이, DOM API를 사용하면 문서 안의 정보를 읽거나 변경, 삭제하는 등 웹 페이지 자체의 내용을 바꿀 수 있다.

 DOM의 용도는 두 가지다. 첫째, DOM은 자바스크립트(또는 다른 언어)가 이해할 수 있는 형태로 마크업을 번역함으로써 구조화된 웹 페이지 '지도'를 제공한다. DOM이 없다면 자바스크립트는 문서에 대한 어떤 것도 알 수 없다. 자바스크립트가 DOM을 통해 접근할 수 있는 문서 전체를 '노드node'라고 하며, 문서 안의 개별 요소도 노드라고 한다. 텍스트의 모든 요소, 주석, 내용 등이 노드다(그림 2).

 둘째, DOM은 노드에 접근할 수 있는 메서드나 함수를 자바스크립트에 제공한다. 예를 들어 문서 안의 모든 p 태그 목록을 가져온다거나 .collapsible 클래스를 갖는 요소의 자식 요소 중에서 .toggle이라는 클래스를 갖는 모든 요소를 가져오는 등의 작업이 가능하다. 메서드는 모든 브라우저에 걸쳐 표준화되어 있으며 getElementsByTagName이나 createTextNode처럼 이름이 알기 알

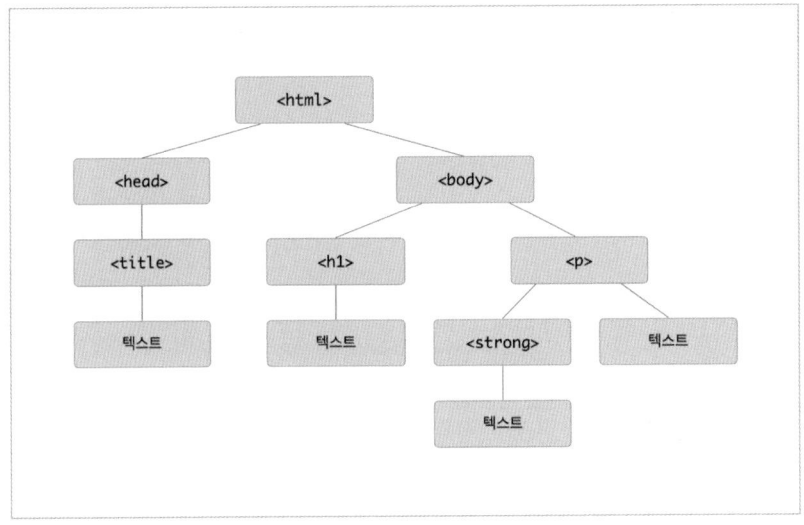

그림 2 그냥 DOM보다는 'DOM 트리'를 연상하는 것이 더 좋다.

기 쉽다. 자바스크립트에 이 메서드를 적용하면 자바스크립에서 DOM으로 넘어가는 부분에 약간의 혼란이 생길 수는 있지만 다행히 걱정해야 할 정도는 아니다.

자, 시작하자

이 책에서는 자바스크립트라는 게임의 규칙을 배우고, DOM을 잠시 파헤쳐보며 실제 스크립트를 통해 그 작동 과정을 살펴볼 것이다. 그러나 그 전에 자바스크립트라는 맹수와 정면으로 맞서려면 필요한 무기에 익숙해질 시간이 필요하다.

나는 목수일을 한 적이 있는데 만약 첫날부터 누군가가 나를 지붕 위로 올려 보냈다면 잘하지 못했을 것이다. 하물며 자바스크립트를 처음 공부하는 우리가 곧바로 코딩을 하기란 힘들 것이다. 따라서 다음 1장에서는 최근 브라우저에 내장된 개발자 도구와 디버깅에 대해 살펴보고 개발 환경을 구축해 스크립트 작성을 준비할 것이다.

1

개발 준비

자바스크립트에 발을 들여놓기 전에 개발 환경부터 살펴보자. 먼저 페이지 하나를 만들어 약간의 작업을 한 다음 브라우저가 제공하는 자바스크립트 디버깅 도구를 이용해 그 페이지를 관찰하고 마지막으로 자바스크립트 문법의 기본 규칙에 대해서도 살펴볼 것이다.

자바스크립트를 페이지에 포함시키기

CSS를 다루어본 적이 있다면 스크립트를 페이지에 포함시키는 방법이 스타일시트를 포함시키는 방법과 거의 비슷하다는 사실을 알게 될 것이다. 그러나 약간의 문법적인 차이와 주의할 점은 있다.

웹 문서 안에 스크립트 코드를 직접 쓰려면, 즉 인페이지^{in-page}

방식으로 스크립트를 포함시키려면 `<style></style>` 태그를 사용해 CSS를 포함시킬 때와 마찬가지로 `<script></script>` 태그로 스크립트 코드를 감싸면 된다.

```
<html>
<head>
    ...
<script>
    // 스크립트 코드를 넣을 위치
</script>
</head>
```

인페이지 방식의 근본적 문제점이 여기에도 해당된다. 여러 페이지에 걸쳐 동일하게 사용해야 할 스크립트가 있을 때 페이지마다 복사해 넣는 것은 무모한 일이다. 그럴 경우 코드 관리도 골치 아프지만 진행하면서 내용을 업데이트할 경우 페이지 간 코드를 동기화하는 데는 실패하게 될 것이다.

다행히 여러 페이지에서 하나의 스타일시트를 사용할 수 있듯이 필요한 곳에서 외부 스크립트를 쉽게 참조할 수 있다. 단, CSS에서의 `link`와는 다르게 스크립트에서는 `script` 태그의 `src` 속성을 사용한다.

```
<html>
<head>
    ...
<script src="js/script.js"></script>
</head>
```

외부 스크립트를 사용하는 예제를 인터넷에서 찾아보았다면 오래된 예제에서 `script` 태그에 `language`나 `type`과 같은 자바스크립트 특정 속성이 함께 쓰인 것을 본 적 있을 것이다.

```
<script language="Javascript" src="js/script.js">
  </script>
<script type="text/javascript" src="js/script.js">
  </script>
```

이는 모두 HTML5에서는 이미 지원이 중단되었거나 선택 사항인 속성들이다. 따라서 이 책에서는 그런 속성들은 무시하고 `<script src="js/script.js"></script>`로 쓸 것이다.

물론 `script` 태그에 `class`, `id`, `data` 등과 같은 HTML 전역 속성을 사용할 수 있다. 또한 나중에 살펴보겠지만 HTML5에서는 `script` 요소에 선택적으로 쓸 수 있는 유용한 몇 가지 속성이 추가되었다.

외부 스타일시트를 사용할 때 `<link href="css/all.css" rel="stylesheet">`를 문서의 `head`에 넣든 `</body>` 직전에 넣든 큰 차이는 없지만 관례적으로 `head`에 넣는다. 그러나 자바스크립트의 경우에는 스크립트가 외부에서 가져온 것이든 페이지의 일부이든 상관없지만 위치는 생각해야 한다.

스크립트 위치

너무 단순화한다는 위험을 감수하고 말하면 브라우저는 파일 내용을 처음부터 순서대로 파싱한다. 스크립트 파일을 HTML 페이지 상단에 포함하면 브라우저는 페이지에 실제 존재하는 요소들을 파악하기도 전에 스크립트를 파싱하고 해석해 실행시킨다. 따라서 페이지 안의 요소 접근을 위해 DOM을 사용할 계획이라면 브라우저가 페이지의 나머지 부분을 파악해 요소의 지도를 짜맞

출 시간을 줘야 한다. 그렇지 않으면 스크립트가 실행될 때 걸핏하면 요소가 존재하지 않는다는 에러를 보게 될 것이다.

스크립트 자체에서 이 문제를 해결하는 몇 가지 방법이 있다. 예컨대 브라우저는 페이지 파싱이 완전히 끝나면 이를 자바스크립트에게 알려줄 수 있으며, 스크립트에서는 그런 일이 일어날 때까지 기다릴 수 있다. 그러나 스크립트 파일을 페이지 상단에 포함시키는 방법에는 또 다른 단점도 있다.

head에 스크립트를 많이 포함시킬수록 페이지가 느려질 수 있다. 브라우저는 head에 있는 외부 스크립트를 발견하면 그 스크립트를 가져와 파싱하는 동안에는 현재 페이지의 파싱을 완전히 중단한다. 이후 다음 순서의 스크립트를 파싱하거나 페이지 자체를 파싱한다. 따라서 문서의 head에 많은 양의 자바스크립트를 포함시키면 사용자에게 페이지 표시가 지연되는 경험을 가져다줄 가능성이 있다.

이 같은 렌더링 지연과 에러 가능성에 대처하려면 스크립트를 페이지 하단, 즉 </body> 직전에 포함시키면 된다. 페이지는 상단에서 하단으로 파싱되므로 이 방법을 사용하면 스크립트가 요청되기 전에 페이지가 렌더링되고 모든 마크업이 준비된다.

이는 약간의 지연에 대한 부담을 페이지 렌더링에서 스크립트 요청 작업으로 전가한다는 의미로 이상적인 방법은 아니다. 비록 DOM을 아직 사용할 수 없다 하더라도 가능한 한 빨리 스크립트를 파싱해야 하는 경우도 종종 있기 때문이다. 예를 들어 브라우저가 CSS와 자바스크립트의 어떤 기능을 지원하는지 확인하는 용도의 스크립트 모음인 모더나이저^{Modernizr}는 head에 포함시키기를 권고한다(https://modernizr.com/). 모더나이저 자체로 인한 렌더링 지연은 매우 미미하며 페이지 안의 다른 스크립트들을 사용할 수 있는지 확인하기 위한 것이므로 우선적인 실행은 필수다. 올바른 작동을 보장하기 위해 수반되는 잠깐의 렌더링 지연은 감수할 만하다.

defer와 async

HTML5는 script에 사용되었던 잡다한 여러 구식 속성의 필요성을 제거한 반면, 앞서 논의한 사안과 관련된 새로운 속성 몇 가지를 추가했다. 바로 <script async>와 <script defer>다.

   script의 async 속성은 브라우저에게 스크립트를 예측 가능한 비동기 방식으로 실행하도록 요청한다. 브라우저는 문서 상단에서 <script src="script.js" async>를 만나면 가능한 한 빨리 스크립트 요청을 개시하고 파싱한다. 그러나 그와 동시에 페이지 나머지 부분의 파싱도 계속 진행한다. 이는 head에 있는 스크립트로 인한 '지연' 요청 이슈는 대처할 수 있지만 여전히 모든 DOM 스크립트를 위해 페이지가 알맞은 때에 파싱됨을 보장하지는 않는다. 따라서 DOM에 접근하지 않거나 DOM으로 작업하기 전에 문서 로딩 완료를 기다리게 프로그래밍한 경우에만 async를 사용해야 한다. 이는 새로운 이슈를 제기한다. 여러 스크립트에서 async를 사용한다면 각 스크립트의 실행 순서는 더 이상 알 수 없게 되기 때문이다. 따라서 스크립트 사이에 의존성이 존재하는 경우에는 async를 사용하면 안 된다.

   defer는 브라우저가 DOM 파싱을 끝내기 전까지는 스크립트를 파싱하지 않게 함으로써 아직 존재하지 않는 DOM에 접근을 시도하는 문제를 해결한다. 문서 상단에 위치한 스크립트에 defer를 사용하면 그 스크립트의 요청도 받아들이며 동시에 페이지 자체의 파싱도 진행한다. 따라서 사용자가 느낄 수 있는 지연 발생 가능성은 줄이며, 페이지가 모두 파싱되어 수정될 준비가 될 때까지 해당 스크립트는 실행되지 않는다. 또한 defer는 async와는 달리 스크립트를 순서대로 실행시킨다.

　이들 두 속성은 지연 요청과 타이밍의 모든 문제를 쉽게 해결한다. defer는 오래전부터 논의되어왔는데도 최근에야 표준화되었고 async는 비교적 새로운 유형이어서 일부 브라우저가 지원하지 않을 수도 있다.[1]

　어 북 어파트의 《책임감 있는 반응형 디자인Responsible Responsive Design》에서 스콧 젤Scott Jehl은 자바스크립트 자체에서의 비동기식 로딩을 권장한다. 즉 문서의 head에 아주 작은 '로더' 스크립트를 만들고 필요에 따라 스크립트를 추가 요청한다(http://bkaprt.com/jsf-wd/01-01/). 이는 스크립트 로딩을 효율적인 비동기식으로 만들 뿐 아니라 스크립트의 로딩 시점을 결정할 수 있게 한다. 예를 들어 사용자의 기기가 터치 이벤트를 지원한다면 커스텀 터치 이벤트 인터페이스를 제시하는 스크립트를 로딩할 수 있다. 만약 터치 이벤트가 지원되지 않는다면 그 스크립트를 요청하지 않으면 된다. 가장 효율적인 요청은 요청 자체를 하지 않는 것이다.

　이 모든 것을 알아야 하지만 여전히 스크립트 로딩은 수박 겉핥기다. 이어지는 다음 예를 보면 우리의 요구는 단순하다. 우리는 페이지가 완전히 파싱된 다음에 스크립트가 실행되기 원하므로 문서의 head에는 스크립트를 넣지 않아야 한다. 즉 defer가 필요 없다는 의미다. 또한 head 외부의 스크립트는 페이지 파싱 중단을 일으키지 않으므로 async도 필요 없다는 말이다. 결국 우리가 써 내려갈 페이지의 렌더링을 저해할 수 있는 어떤 강력한 상황도 없으며 DOM은 나중에 사용할 것이기에 </body> 태그 직전에 외부 스크립트를 포함시키면 된다.

---

[1] 현재 브라우저에서 defer, async 속성을 전부터 지원하고 있으나 원문은 2016년에 쓰였다.

기본 캔버스

본격적으로 자바스크립트를 작성하기에 앞서 먼저 기본 캔버스, 즉 가장 단순한 HTML 문서 디렉터리를 준비해야 한다.

```
<!doctype html>
<html lang="en">
<head>
    <meta charset="utf-8">
</head>
<body>
</body>
</html>
```

단순함과 일관성을 유지하기 위해 외부 스크립트는 body 태그를 닫기 직전에 로딩한다. script 요소에서 src 속성을 통해 가리킬 외부 스크립트는 현재로서는 script.js라는 빈 파일이다. 나는 보통 자바스크립트 파일을 js/라는 서브디렉터리에 저장하는데, 반드시 그래야 하는 것은 아니다. 하지만 그렇게 하는 것이 파일을 정리하는 데 도움이 된다.

```
<!doctype html>
<html lang="en">
<head>
    <meta charset="utf-8">
</head>
<body>

    <script src="js/script.js"></script>
</body>
</html>
```

에디터

HTML이나 CSS와 마찬가지로 자바스크립트를 시작하기 위한 오버헤드가 많이 필요하지 않아 일반 평문 에디터로도 할 수 있다. 적어도 어느 정도 자바스크립트에 익숙해지기 전까지는 자바스크립트 문법을 육안으로 분석하기에는 어려울 수 있다. 따라서 에디터에서 키워드, 함수, 변수 등을 컬러로 지정하면 스크립트를 한눈에 이해하기 쉽다.

다행히 요즘은 자바스크립트의 문법 강조 기능을 기본으로 제공하지 않는 코드 에디터를 찾는 것이 어렵다. 자바스크립트 파일은 .js라는 확장자를 쓰기 때문에 여러분의 에디터는 마크업이나 CSS처럼 자바스크립트 문법에 강조 기능을 적용할 것이다. 아직 비어 있는 script.js 파일은 아무것도 없지만 말이다.

일단 작업을 시작하려면 자바스크립트 컴포넌트를 의도에 맞게 기능적으로 스크립트 파일에 조립해야 한다. 비록 자바스크립트의 기본을 공부하지만 브라우저에 내장된 개발자 도구에 익숙해질 필요는 있다.

개발자 도구

그리 오래전은 아니지만 브라우저가 자바스크립트와 관련해 그다지 큰 도움을 주지 않던 때가 있었다. 도움을 받을 수 있었던 것은 기껏해야 어떤 에러가 발생했다는 경고와 그 에러가 발생한 줄 번호였는데 그마저도 정확하지 않을 때가 많았다. 그 시절의 스크립트 디버깅이란 소스를 변경하고 페이지를 새로고침해 아무 일도 생기지 않기를 바라는 그런 작업의 반복을 의미했다. 해당 이슈에 대한 자세한 내용도, 적어도 도움이 될 만한 어떤 정보도 얻을 방법이 없었다.

다행히 자바스크립트가 점점 발전함에 따라 개발자 도구도 고급화되었으며 이제 거의 모든 데스크톱 브라우저는 진보된 자바스크립트 디버깅 도구를 내장하게 되었다. 물론 과거의 방법대로 디버깅을 할 수도 있다. 그러나 그것은 망치 손잡이로 못을 박는 것처럼 쓸데없는 불편함을 자처하는 일이나 다름없다.

장기적으로 보면 개발자 도구에 익숙해지는 것이 결과적으로 오류를 추적하는 데 소요되는 상당한 시간을 절약하는 일이 될 것이다. 또한 우리의 목적을 위해 자바스크립트 문법을 시험해볼 수 있는 자리를 제공하기도 한다.

이 책에서 사용할 도구는 크롬 개발자 도구지만 기본적인 디버깅 방법은 다른 브라우저 도구에서도 똑같이 적용할 수 있다. 크롬 개발자 도구는 맥에서는 option + command + i로, PC에서는 Ctrl + Shift + I로 즉시 띄울 수 있다. 브라우저마다 조금씩 다르겠지만 기본적인 레이아웃은 매우 비슷하다.

이미 브라우저 개발자 도구를 사용하기 위해 소중한 시간을 썼겠지만 나중에 요소를 조사하고 CSS 문제를 디버깅하기 위해서는 'Elements' 탭에 친숙해져야 한다. 이 탭은 페이지의 모든 요소, 그리고 그와 연관된 스타일을 모두 보여준다. 그 밖의 탭은 브라우저마다 조금씩 다를 수 있다.

대부분의 개발자 도구는 현재 페이지로 말미암은 네트워크 요청의 수와 크기를 모니터링할 수 있는 'Network' 탭을 제공한다. 또한 스타일시트와 자바스크립트 파일부터 쿠키까지 페이지와 관련된 모든 리소스를 확인할 수 있는 'Sources' 탭이 있는 경우도 있다. 심지어 'Sources' 탭 안에 네트워크 정보도 보여주는 개발자 도구도 있다. 'Performance(이전의 'Timeline')' 탭은 브라우저가 스타일을 처리하고 다시 그리는 횟수 등과 같이 브라우저의 렌더링

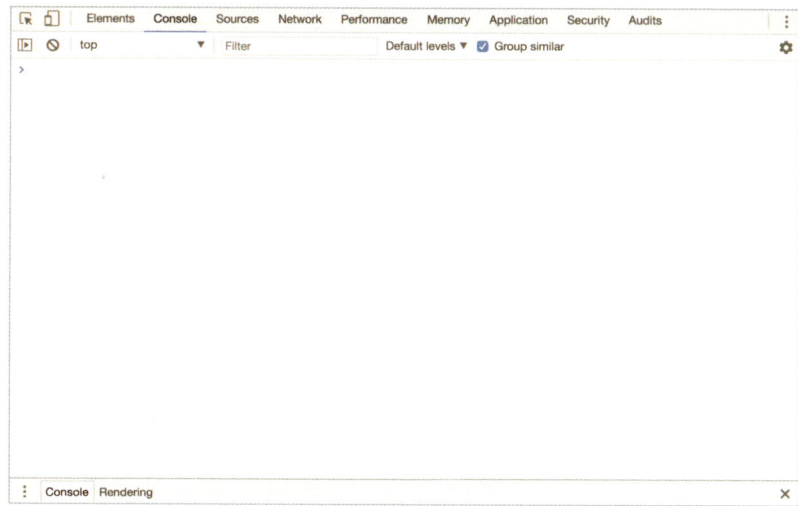

그림 1.1 크롬 개발자 도구의 'Console' 탭

과 관련된 차트 정보를 보여준다. 그런 내용을 보려면 보통은 탭을 다시 로딩해야 한다(그림 1.1).

우리는 디버깅 시간의 대부분을 'Console' 탭에서 소비할 것이다. 이 탭은 읽기-평가-출력 루프Read-Eval-Print Loop: REPL, 즉 대화형 창이라고 하는 방식으로 자바스크립트를 테스트할 수 있게 해준다 (http://bkaprt.com/jsfwd/01-02/). 콘솔에 자바스크립트를 입력하면 브라우저의 자바스크립트 엔진이 페이지를 처리할 때와 똑같은 방식으로 스크립트를 실행시킨다. 여기에는 두 가지 이점이 있다. 첫째, 개발 환경에 대한 걱정 없이 어떤 페이지에서든 자바스크립트를 다룰 수 있다. 둘째, 콘솔에 작성하는 모든 코드는 일회성이다. 즉 콘솔에 작성한 어떤 자바스크립트도 페이지를 다시 로딩하면 사라진다는 의미다.

자바스크립트 콘솔

자바스크립트 콘솔은 테스트와 디버깅을 할 때 주된 두 가지 기능을 제공한다. 하나는 에러나 정보에 대한 로그를 보여주며, 다른 하나는 스크립트를 작성해 페이지와 직접 상호작용할 수 있는, 즉 자바스크립트 프롬프트다.

간단히 말해 자바스크립트 콘솔은 스크립트의 모든 문법 에러를 보여주는 역할을 한다. 스크립트에 어쩌다 오탈자가 있거나 존재하지 않는 대상을 참조하는 코드가 있을 경우 스크립트 실행을 방해하는 것이 무엇인지 더 이상 의아해하지 않아도 된다.

대부분 개발 콘솔은 명백한 에러만 보여주는 데 그치지 않고 향후 브라우저가 지원하지 않을 가능성이 큰 기능에 대한 경고나 실패한 요청 등의 정보도 제공한다. 나는 어떤 개발을 하든 신중을 기하기 위해 항상 콘솔을 열어둔 채 작업한다.

그러나 스크립트에 명확한 에러가 없는데도 제대로 작동되지 않는 상황에 종종 맞닥뜨리게 될 것이다. 또는 대부분의 로직[2]은 보이지 않는 곳에서 실행되므로 스크립트의 특정 부분에 우리 자신을 위한 간단한 표식이 필요하다. 그 경우 브라우저에 내장된 메서드를 사용해 임의의 신호를 보내는 방법이 있다. 예를 들어 메시지를 띄우거나 변수의 값을 조사하거나 스크립트 로직의 경로를 추적한다.

예전에는 기본적인 디버깅을 위해 자바스크립트의 초창기 내장 메서드를 원래 용도와 다르게 사용했다. 바로 많은 비웃음을 샀던 alert( )다. 이 메서드는 괄호 안에 따옴표로 지정한 메시지와 '확인' 버튼을 보여주는 네이티브 모달 창을 띄워준다(그림 1.2).

---

2 원하는 기능을 구현하기 위한 계산 과정을 통틀어 가리키는 말이다.

그림 1.2 실제 운영하는 웹사이트에서 alert()를 사용하는 것은 마치 붐비는 영화관에서 괜히 "불이야!"라고 소리치는 일과 같다. 불법은 아니지만 다시는 아무도 상대해주지 않을 것이다.

이와 비슷한 메서드가 더 있다. 지정한 메시지에 대해 사용자가 확인하거나 취소할 수 있는 confirm()과 사용자가 직접 텍스트를 입력할 수 있는 prompt()다. 두 메서드 모두 사용자가 선택하거나 입력한 사항을 스크립트로 전달해 사용할 수 있게 해준다. 예전에 '최종 사용자 라이선스 동의end-user license agreement: EULA'를 해보았거나 지오시티Geocities 같은 웹 호스팅 서비스를 이용한 적이 있다면 무엇인지 알 것이다.

자바스크립트 개발자는 이처럼 상호작용하는 방식이 사용자에게 매우 불쾌함을 준다는 사실을 알기 때문에 이들 메서드는 요즘은 거의 사용하지 않는다. 그냥 재미를 위해서라면 또 모른다.

오히려 디버깅을 하는 동안 그 메서드들은 스크립트에서 무슨 일이 일어나는지 들여다볼 수 있는 빠르고 쉬운 수단으로 이용되

그림 1.3 콘솔과의 첫인사

었다. 비효율적이지만 alert를 사용해 스크립트가 얼마만큼 진행되었는지, 올바른 순서로 실행되고 있는지 확인하거나, 에러에 진입하기 전의 마지막 alert를 확인하면서 한 줄씩 문제를 추적하는 일이 가능하다. 그러나 그런 방식의 디버깅을 통해 얻을 수 있는 사항은 그리 많지 않다. alert는 원래 텍스트를 전달하는 목적으로만 설계되었기 때문에 스크립트 특정 부분이 의미하는 바를 자세히 보려고 하면 [object Object]와 같은 괴상한 피드백을 받기도 한다.

오늘날 브라우저는 개발자 도구의 품질로 경쟁하고 있으며, 스크립트 내부를 살펴볼 수 있는 수많은 옵션을 제공한다. 그저 스크립트 안에서 우리에게 메시지를 전달하는 단순한 작업뿐 아니라 더 많은 정보를 담을 수 있게 되었다.

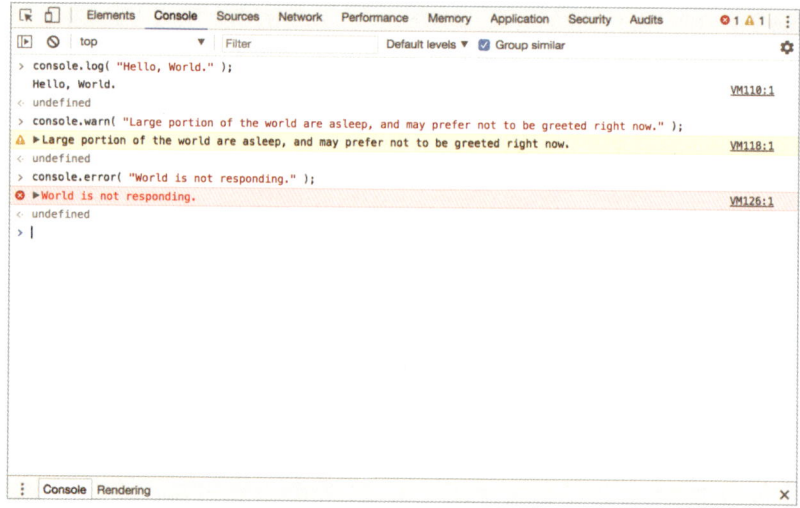

그림 1.4 `console.warn`과 `console.error`는 스크립트 디버깅에 유용하다.

콘솔에 로그 찍기

스크립트에서 무언가를 콘솔에 출력하는 가장 간단한 방법은 `console.log( )`라는 메서드를 이용하는 것이다. 단순하게 보면 `console.log( )`는 스크립트 안에서 개발자에게 메시지를 전달한다는 점에서 `alert( )`와 비슷하다.

이제 실습할 때가 되었다. 에디터로 script.js를 열어 다음 한 줄을 작성해보자.

```
console.log("Hello, World.");
```

파일을 저장하고 브라우저로 돌아가 페이지를 '새로고침'하자. 이것이 우리가 작성한 첫 스크립트다(그림 1.3).

아직까지는 그다지 흥미롭지는 않다. 그러나 `console.log`로 할 수 있는 일은 엄청 많다. 그뿐 아니라 비슷한 메서드가 두 가지 더 있는데, 바로 console.warn과 console.error다. 이 두 메서드는 console.log와 사용 방법이 똑같으며 특정 이슈나 메시지를 더욱 두드러지게 보여준다(그림 1.4).

console.log와 그 밖의 콘솔 관련 메서드에 대해 마지막으로 언급할 사항이 있다. 요즘의 브라우저는 대부분 콘솔을 지원하지만 보편적이지는 않다. 일부 오래된 브라우저는 콘솔을 지원하지 않는다. 특히 IE6이나 IE7은 console.log 메서드를 만나면 망가지기로 유명하다. 더 이상의 스크립트 실행이 불가능한 에러가 뜬다.

다행히 운영 코드에서는 이런 메서드를 거의 쓰지 않으며 오직 스크립트를 시험하거나 디버깅하는 용도로만 사용한다. 따라서 실수로 운영 코드에 남기지만 않는다면 실제 사용자에게 문제를 일으킬 위험은 거의 없다. 운영 웹사이트에 스크립트를 사용하기 전에는 항상 console.log와 같은 디버깅 목적의 코드가 남지 않았는지 확인하기 바란다.

콘솔 다루기

자바스크립트 콘솔은 단순히 로그 메시지를 찍기 위한 것만은 아니다. 이미 로그 아래에 깜박이는 프롬프트를 보았을 것이다. 이 입력란이 앞에서 이야기했던 REPL이다.

짧게 설명하면 REPL은 스크립트 파일을 갱신하거나 페이지를 다시 로딩할 필요 없이 실행할 내용을 브라우저의 자바스크립트 파서로 직접 전달하게 해준다. 예컨대 REPL에 console.log("Hello, World.");를 입력하고 Enter를 누르면 바로 다음 줄에 실행 결과가 나타난다.

이를 이용해 요소의 현재 상태에 대한 정보를 얻거나 스크립트의 결과를 확인할 수 있다. 심지어는 테스트를 위해 페이지에 기능을 추가할 수도 있다. 즉시 새 메서드를 실행해 피드백을 받을 수 있다. 예컨대 `alert("Test")`를 입력하고 Enter를 누르면 파일 변경도 없고 페이지가 다시 로딩되지도 않는다. 어떤 번거로운 일도 없이 익히 아는 구질구질한 모달 창 하나가 생길 뿐이다.

두말하면 잔소리겠지만 콘솔 작업으로 인해 실제로 어떤 피해도 생기지 않는다. REPL을 통해 페이지나 스크립트에 어떤 변경을 하더라도 페이지를 새로고침하면 모두 사라지며 실제 파일에는 아무런 변경도 일어나지 않기 때문이다.

이제 콘솔을 통해 자바스크립트를 시험할 수 있는 몇 가지 옵션과 스크립트를 꿰맞출 수 있는 개발 환경을 사용할 준비가 되었다. 지금부터는 자바스크립트의 규칙을 배워보자.

기본 규칙

확실히 자바스크립트는 복잡하다. 그러나 자바스크립트 언어의 전체적인 규칙은 놀랄 만큼 단순하며 몇 가지 예외를 제외하면 매우 관대하다. 그런 규칙 중 몇 가지를 살펴보는 것은 자바스크립트를 이해하는 데 도움이 된다. 실제로 작동하는 모습을 보기 전에는 완벽하게 이해되지 않더라도 걱정할 필요는 없다.

대소문자 구분

엄격한 규칙(지금까지도 내가 종종 실수하는 규칙) 중 하나는 자바스크립트가 대소문자를 구분한다는 것이다. 예컨대 `avariable`과 `aVariable`은 엄연히 다르다. 이는 특히 `getElementsByTagName`과 같이 DOM에 접근하기 위한 자바스크립트의 내장 메서드를 키보드로 입력할 때 타이핑하기가 그리 쉽지 않다.

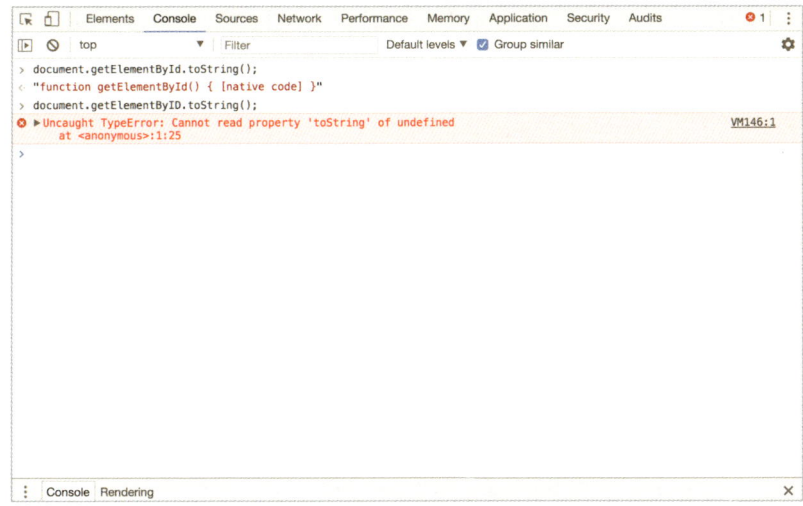

그림 1.5 아직 잘 모르겠다.

대부분의 경우 자바스크립트의 내장 메서드는 낙타 대문자^{camel case}, 즉 `querySelector`나 `getElementById`와 같이 첫 단어를 제외한 나머지 단어의 첫 글자는 대문자로 하되 하이픈 없이 붙여 쓰는 방식을 사용한다.

대소문자 구분 규칙은 콘솔에서 직접 확인할 수 있다. `document.getElementById.toString()`을 실행하면 브라우저가 이 메서드를 DOM의 아이템에 접근하기 위한 내장 메서드로 인식해 네이티브 코드라고 응답하는 것을 볼 수 있다. 반면에 'Id'의 d 대신 대문자 D를 넣은 `document.getElementByID.toString()`을 실행하면 브라우저는 에러를 보인다(그림 1.5).

세미콜론

자바스크립트 구문은 대부분 세미콜론으로 끝난다. 세미콜론은 해당 명령의 끝임을 자바스크립트 파서에게 알려주는 방법으로 맞춤법으로 치면 마침표를 찍는 것과 마찬가지다. 그런데 이 규칙에는 약간의 융통성이 있다. 자동 세미콜론 삽입$^{Automatic\ Semicolon\ Insertion:ASI}$ 기능 덕분에 파서는 단순히 줄 바꿈을 해도 구문의 끝으로 인식한다.

이 같은 사실을 알게 된 순간 프로그래머들이 주장을 굽히지 않는 집단임을 알게 될 것이다. 구문 끝마다 항상 세미콜론을 넣어야 하는지, 바이트를 절약함과 동시에 ASI가 제 기능을 하게 두어야 하는지에 대한 끊임없는 논쟁을 쉽게 찾아볼 수 있다. 개인적으로 나는 전자의 입장이다. 세미콜론을 명시적으로 사용하는 것이 세미콜론을 빠뜨림으로써 예상치 못한 위험을 겪는 것보다는 낫다고 생각하기 때문이다. 또한 미래의 관리 담당자가 코드를 쉽게 이해하는 데도 도움이 되기 때문이다. 따라서 지금은 일단 세미콜론 사용을 권한다. 세미콜론이 반드시 필요한 경우와 ASI가 기능하는 경우를 제대로 이해하려면 어느 정도 시간이 필요하다. 그전까지는 지나치다 싶을 정도로 조심하는 것이 차라리 낫다.

공백

기이하게 들리겠지만 자바스크립트에서는 줄 바꿈만이 유일한 공백이다. 즉 탭 문자나 공백 문자가 아닌 개행 문자만이 자바스크립트에서는 유효한 공백이다. 예컨대 코드 사이에 50줄을 띄우든 코드 시작 부분마다 열 개의 탭 문자를 넣든 자바스크립트는 모두 다 똑같이 무시한다. ASI가 등장해 작동하는 첫 번째 개행만이 의미가 있다.

주석

자바스크립트에서는 스크립트가 실행될 때 주석은 무시된다. 따라서 상기해야 할 사항이나 설명을 코드 전반에 걸쳐 주석으로 남길 수 있다. 이 작업은 매일 수행하는 것이 좋다고 생각한다. 코드가 특정 방식으로 진행되는 이유나 남아 있는 작업에 대한 설명을 스스로에게 알리는 좋은 방법이기 때문이다.

그러나 그보다 훨씬 더 중요한 점은 자신의 코드를 자신만 보는 것이 아니라는 데 있다. 비록 팀에 소속되어 일하지 않을지라도 언젠가는 누군가 코드를 관리하거나 수정할 가능성은 있다. 주석이 잘 달린 코드는 다른 개발자에게 가이드를 제공하며, 무엇을 어떻게 의사결정했는지 이해할 수 있게 하는 데 도움이 된다.

자바스크립트 주석에는 두 가지 유형이 있다. 하나는 CSS 경험이 있는 사람에게는 매우 익숙한 CSS 주석과 똑같은 방식으로 여러 줄을 한 번에 주석multi-line comment 처리하는 방식이다.

```
/* 이것은 여러 줄 주석, 즉 블록 주석이다.

스크립트가 실행될 때 이 블록 안의 것은 모두 무시한다.
이런 방식의 주석에는 열고 닫는 표시가 있어야 한다. */
```

다른 하나는 한 줄 주석으로, 명시적으로 닫을 필요 없이 개행하면 자동으로 인식되는 방식이다.

```
// 이것은 한 줄 주석이다.
```

재미있게도 한 줄 주석은 개행 문자가 없는 한 에디터 안에서 여러 줄로 보여도 하나의 주석으로 처리할 수 있다. 새 줄을 시작하려면 반드시 Enter를 눌러야 하는데, 이때 주석이 닫히고 실행 가능한 코드로 진입한다. 에디터 자체나 설정에 따라 자동으로 줄바꿈을 해주는 기능이 있는데, 이를 '소프트래핑^{soft wrapping}'이라고 한다. 한 줄 주석은 소프트래핑에 영향을 받지 않는다. 소프트래핑은 에디터에서 제공하는 편의 기능일 뿐이다.

```
console.log("Hello, World."); // 나를 위한 노트:
                              여기서 "World"의 W가 대문자이어야 할까?
```

준비 완료

이제 게임의 규칙을 알고 다양한 실험을 할 환경도 마련했으므로 자바스크립트를 구성하는 요소에 대해 배울 준비가 되었다. 자리에 앉아서 스크립트를 처음부터 끝까지 작성하는 자체는 작업량이 많지 않아 보일 수 있다. 그러나 2장에서 공부할 주제는 자바스크립트가 데이터를 다루는 방식을 이해하는 데 매우 중요한 내용이다.

2 자료형

이제부터 실전이다.

  이 장 마지막 부분에서는 자바스크립트 개발 여행에서 마주치게 될 다양한 자료형^{data type}에 대해 이해하게 될 것이다. 일부 자료형은 적어도 표면적으로는 따로 설명이 필요 없는 이름을 갖고 있다. 숫자형은 말 그대로 숫자이고 문자열은 문자의 열이다. 또 다른 일부 자료형은 다소 철학적으로 들리는 것도 있다. 예컨대 자바스크립트의 키워드 중 하나인 true는 매우 본질적인 의미의 참을 나타낸다.

  더 깊이 들어가면 조금 복잡해진다. 숫자는 참 계열 'truthy'나 거짓 계열 'falsy'가 될 수 있지만 텍스트는 항상 참 계열이다. '숫자가 아님^{not a number}'을 뜻하는 자바스크립트의 키워드 NaN의 경우 그 자체로는 숫자로 여겨지는 측면이 있다. ({ }+[ ])[!+[ ]+!+[ ]+!+[ ]]+

2장 자료형 **39**

(![ ]+[ ])[!+[ ]+!+[ ]+!+[ ]]는 완전히 유효한 자바스크립트 코드다. 정말이다.

자바스크립트가 직관적으로 이해하기 어렵다는 평판을 듣는 것은 어렵지 않게 찾아볼 수 있다. 앞서 살펴본 내용은 스크립트 언어의 규칙이라기보다는 오히려 수수께끼처럼 보인다. 그러나 미치광이 전략^{method to the madness}은 유효하다. 자바스크립트 자료형을 잘 이해하면 자바스크립트처럼 사고하는 방법을 배울 수 있기 때문이다.

자바스크립트는 '약한 타입^{weak typing}'의 언어다. 이는 어떤 데이터를 숫자로 취급할지, 문자열로 취급할지 명시적으로 정할 필요가 없다는 뜻이다. 데이터를 특정 유형으로 지정해야 하는 '강한 타입^{strong typing}'의 언어와는 달리 자바스크립트는 직접 데이터를 보고 유형을 추정한다. 이는 대개 타당하다. 보통 우리는 7을 문자열이 아닌 숫자로 다루기를 바라기 때문이다.

어떤 데이터를 특정 유형으로 처리해야 한다면 형 변환^{type coercion}을 할 수 있는 여러 방법으로 자바스크립트의 데이터 해석 방법을 변경시킬 수 있다. 다행히 벌써부터 그런 경우까지 염려할 필요는 없으므로 지금은 자료형에 대해서만 자세히 살펴보자.

원시 자료형

우리에게는 아주 자명한 원시 자료형^{primitive type}이 있다. 원시 자료형은 더 이상 축소될 수 없는 유형이다. 숫자형은 숫자고 true는 참인 것처럼 이미 최소한으로 축소되어 있기 때문이다. 즉 원시 자료형은 자바스크립트에서 가장 단순한 데이터 형태다. 여기에는 숫자형, 문자열, undefined, null, true, false 등이 있다.

숫자형

숫자형은 모든 숫자 값을 가질 수 있는 유형이다. 자바스크립트는 숫자를 꽤 잘 다룬다. 콘솔에 7을 입력하고 Enter를 누르면 그 결과는 놀라울 것 하나 없이 7이다. 자바스크립트가 7을 숫자 7로 인식했기 때문이다. 방금 자바스크립트 콘솔로 할 수 있는 엄청난 일을 한 것이다.

그러나 숫자의 영역에는 몇 가지 특별한 것도 있다. 숫자가 아닌 값인 NaN, 양의 무한대를 나타내는 Infinity, 음의 무한대를 나타내는 -Infinity 등이 해당된다. 이것을 콘솔에 입력하면 입력한 그대로를 결과로 볼 수 있다. 즉 자바스크립트가 "그게 뭔지, 어떤 의미인지 알아"라고 대답하는 것이다. 그러나 infinity나 Nan을 입력하면 *undefined*라는 대답이 나올 것이다. 자바스크립트는 대소문자를 구분한다는 점을 기억해야 한다.

수학 연산자를 사용해도 예상되는 결과를 얻을 수 있다는 점 역시 놀랄 만한 일이 아니다. 콘솔에 2+2를 입력하면 자바스크립트는 4를 반환한다.

고등학교에서 대수학을 간신히 익혔다 하더라도 산술 연산자 자체는 친숙할 것이다. 그러나 프로그래밍 영역에서만 사용되는 몇 개의 특별한 연산자도 있다(그림 2.1).

수학에서의 연산 우선순위는 여기에서도 적용된다. 항상 괄호(P)로 둘러싸인 수식이 먼저 계산되며, 연산자는 지수(E), 곱하기(M), 나누기(D), 더하기(A), 빼기(S)의 순서로 진행된다. 이 PEMDAS^{Please Excuse My Dear Aunt Sally}를 다시 듣게 되리라고 꿈에도 생각하지

연산자	설명	용법	결과
+	더하기	2 + 2	4
-	빼기	4 - 2	2
*	곱하기	2 * 5	10
/	나누기	10 / 5	2
++	1을 더하기	2++	3
--	1을 빼기	3--	2
%	두 수를 나눈 나머지	12 % 5	2

그림 2.1 맹세컨대 이것은 퀴즈가 아니다.

못했겠지만 시간과 수학은 우리를 바보로 만든다.[1]

```
2*2-2
2

2*(2-2)
0
```

의도적이 아니라면 자바스크립트로 개발하는 동안 아마도 Infinity와 NaN을 그리 자주 만나지는 않을 것이다. 콘솔에 2/0을 입력할 때 컴퓨터가 계산을 무한 반복하다 다운되지만 않는다면 자바스크립트는 Infinity를 반환한다.

---

[1] 수학자 에릭 템플 벨(E. T. Bell)의 "Time makes fools of us all. Our only comfort is that greater shall come after us"를 인용한 말이다. 시간이 지날수록 자연스레 정보에 어두워지고 기억이 희미해져 어리석게 된다는 표현이다.

NaN은 가끔 보게 될 수도 있는 특별한 경우다. 숫자가 아닌 값을 숫자로 취급하려 할 때마다 자바스크립트는 NaN을 반환할 것이다. 예를 들어 "Hello, World."라는 문장에 2를 곱해, 즉 console.log로 "Hello, World." * 2를 실행하면 NaN이라는 결과를 얻는다. 자바스크립트는 단어에 숫자를 곱했을 때 우리가 얻고자 하는 바는 알지 못하지만 그 결과가 무엇이든 숫자는 아니라는 사실만큼은 확실히 알기 때문이다.

문자열

텍스트 문자열은 이해하기 쉬운 매우 단순한 자료형이다. 글자든 숫자든 기호든 큰따옴표나 작은따옴표 한 쌍으로 둘러싸인 모든 문자 집합을 문자열string이라고 한다.

1장에서 console.log("Hello, World.");를 작성했을 때 우리는 이미 문자열을 사용했다. 바로 "Hello, World."가 문자열이다. 큰따옴표 대신 작은따옴표를 사용해도, 즉 console.log('Hello, World.');라고 작성해도 결과는 마찬가지다(그림 2.2).

쌍을 이루게 사용한다면 큰따옴표와 작은따옴표는 기능적으로 똑같다. 또한 큰따옴표 안에 작은따옴표를 쓸 수 있으며 그 반대도 가능하다(그림 2.3).

그러나 따옴표를 누락하면 결과는 매우 달라진다. 따옴표가 없으면 자바스크립트는 Hello, World.를 텍스트 문자열이 아닌 스크립트 일부로 읽어 들여 결국 문법 오류가 발생한다(그림 2.4).

문자열은 참신할 정도로 단순하다. 그냥 한 쌍의 따옴표 안에 글자나 숫자를 넣으면 되니 말이다. 그러나 문자열에는 또 다른 중요한 속성이 있다. 문자열을 서로 합치거나 문자열과 숫자를 합쳐 새로운 문자열을 만들 수 있다.

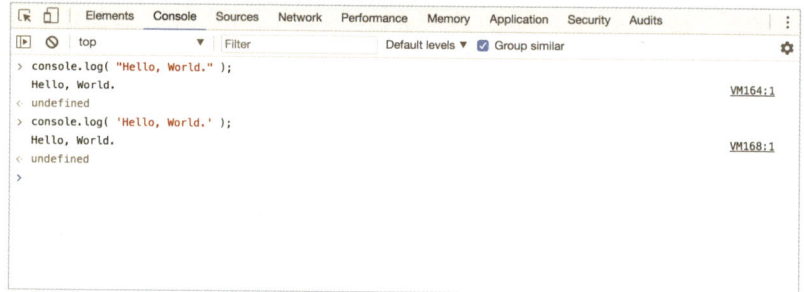

그림 2.2 큰따옴표와 작은따옴표는 같은 결과를 보여준다. 스트렁크와 화이트Strunk & White[2]에게는 보여주지 않지만 말이다.

여러 문자열을 결합해 하나의 문자열로 만드는 것을 문자열 연결string concatenation이라 한다. 둘 이상의 문자열을 연결할 때는 플러스 기호를 사용한다. 따라서 플러스 기호는 피연산자에 해당하는 값에 따라 수학에서의 덧셈과 문자열의 연결, 이 두 가지 역할을 수행한다(그림 2.5).

숫자 대신 문자열에 +를 사용하면 수학에서의 덧셈이 아닌 문자열 연결이 수행된다. 앞의 예제에 숫자 2가 있지만 어쨌든 문자열이 하나라도 들어 있으므로 자바스크립트는 2도 문자열로 취급한다.

undefined

예상할 수 있듯이 undefined는 자바스크립트 자체나 우리가 스크립트에서 정의하지 않은 모든 것에 대한 유형이다. undefined 역시 이미 경험했다. 1장에서 대소문자 구분에 대해 살펴볼 때 자바스크립트가 인식하지 못하는 값을 입력함으로써 오류가 발생하는 현

---

2 영작문 교재 《영어 글쓰기의 기본(The Elements of Style)》의 두 저자.

```
> console.log( "This'll work just fine." );
  This'll work just fine.                                                    VM176:1
< undefined
> console.log( '"This works fine too," he wrote.' );
  "This works fine too," he wrote.                                           VM184:1
< undefined
> |
```

그림 2.3 제대로 쌍을 이룬다면 아무 문제 없다.

```
> console.log( "Hello, World." );
  Hello, World.                                                              VM190:1
< undefined
> console.log( Hello, World. );
⊗ Uncaught SyntaxError: Unexpected token )                                   VM200:1
>
```

그림 2.4 엥?

```
> "Hello, World." + 2
< "Hello, World.2"
>
```

그림 2.5 전편보다 훌륭한 속편은 없다.

2장 자료형 **45**

그림 2.6 자바스크립트에 sup의 의미를 알려준 적 없으며 자바스크립트는 비속어를 모른다.[3]

상을 보았다(그림 2.6).

자바스크립트에는 피연산자의 유형을 문자열로 반환해주는 typeof 연산자가 있다. sup 유형에 typeof를 수행하면 *undefined* 유형을 보게 될 것이다. 자바스크립트가 아는 한 sup은 아무런 값이나 의미가 없다.

null

null은 '값 없음'을 나타낸다. 즉 null은 분명히 정의된 어떤 것이지만 내재된 값이 없다는 뜻이다. 예를 들어 나중의 어느 시점에 값이 할당될 것을 예상해 변수를 null로 선언할 수 있다. 또는 이미 존재하는 변수에 null을 할당함으로써 기존의 값을 제거할 수도 있다.

불리언

불리언^{boolean}은 true나 false를 값으로 가질 수 있으며 고유의 참과 거짓을 나타낸다. 이는 다른 프로그래밍 언어에도 항상 있는 개념이다. 자바스크립트에 두 값을 비교하라고 요청하면 자바스크립

---

[3] 'sup'은 'What's up?'의 비속어다.

트는 전체 문장을 비교해 같은 값일 경우 *true*를 반환하고, 그렇지 않으면 *false*를 반환한다.

이제 다시 콘솔로 돌아가서 절대적인 보편의 진리와 마주해 보자.

```
2 + 2 == 4
```
true

그리고 개발자 콘솔을 사용해 뉴스피크^{Newspeak}[4]라는 단어도 테스트해보자.

```
2 + 2 == 5
```
false

별로 극적으로 보이지 않는다는 것은 알지만 이 같은 비교는 스크립트 로직의 상당 부분을 차지한다.

여기서 비교를 위해 등호(=)가 아니라 항등 연산자(==)를 사용했다는 점을 유의하기 바란다. 자바스크립트는 하나의 등호를 만나면 값을 할당하는 것으로 이해하지 두 값을 비교하는 것으로 여기지 않는다. 비교 연산자에 대한 자세한 사항은 3장에서 살펴볼 것이다.

객체형

자바스크립트에서 '객체^{object}'는 현실 세계에서의 객체와 부합하는 개념이다. 두 경우 모두 객체는 속성^{property}과 메서드^{method}의 집합체다. 객체는 자신만의 특성이 있으며, 무언가를 수행할 수 있는 기

---

[4] 조지 오웰의 《1984》에 나오는 언어.

능을 갖는다는 의미다. 예를 들면 현실 세계에서 '망치'는 속성('손잡이', '단단한 타격면')과 목적('물건 타격')을 추상화한 객체다. 그러나 '망치'의 개념은 바뀔 수 있다. 속성을 'MC', '심상치 않은 바지', '건드릴 수 없는'으로 바꾸고 목적을 '춤추기break it down'로 바꾸면 '망치'는 완전히 다른 어떤 것이 된다.[5]

자바스크립트의 객체 역시 변경될 수 있는 속성과 메서드를 갖는 명명된 것이라는 점에서는 마찬가지다. 앞서 설명한 원시 자료형 외에도 숫자나 문자, 심지어 문서 전체에 이르기까지 자바스크립트의 모든 것은 객체다.

조금 지나치게 들릴지도 모르겠지만 우리가 매일 쓰는 특정 유형의 객체는 차별성이 분명하다.

변수

변수란 값을 상징하는 이름이다. 마치 중학교 수학에서 수없이 등장했던 x처럼, 자바스크립트에서의 변수는 어떤 값을 담는 컨테이너다. 컨테이너 안에는 문자열, 숫자, DOM에서 가져온 요소, 심지어 모든 함수까지도 담을 수 있다. 변수는 값을 참조할 수 있는 단일한 접점을 제공하며 스크립트의 대부분에서 사용된다. 또한 언제든지 원하는 방식으로 변수의 값을 수정할 수 있다.

변수를 선언하는 방법에는 두 가지가 있는데, 이들 모두 단일 등호를 사용하며 비교가 아닌 할당assignment을 수행한다. 변수를 가장 간단히 선언하려면 식별자를 지정하고 단일 등호(=)를 사용해 값을 할당하면 된다.

---

[5] MC 해머의 스타일과 1990년 히트곡 〈유 캔트 터치 디스(U Can't Touch This)〉를 의미한다.

```
foo = 5;
5
```

이처럼 처음 변수가 생성되면 콘솔은 앵무새처럼 그 값을 보여준다.

그다음 다시 foo를 입력하고 Enter를 눌러도 똑같은 결과를 얻을 수 있다. 이미 자바스크립트가 foo라는 이름의 변수와 그 값이 5라는 사실을 알고 있기 때문이다. 한 번 정의된 변수는 자신이 담고 있는 데이터와 똑같이 작동한다. 그럼 이제 typeof를 사용해 foo 변수의 유형을 확인해보자.

```
foo = 5;
5

foo;
5

typeof foo;
"number"
```

보다시피 foo의 자료형은 "number"지 "variable"이 아니다. 적어도 자바스크립트에서 foo 변수는 숫자 5와 똑같이 기능하기 때문이다. 그러나 영구적인 것은 아니다. 변수에 다시 새로운 값을 할당할 수도 있다.

```
foo = 5;
5

foo = 10;
10
```

심지어 변수 자신에 다시 새 값을 할당할 수도 있다.

```
foo = 100;
100

foo = foo * foo;
10000
```

물론 변수가 어떤 값을 가져야 할지 항상 미리 알 수 있는 것은 아니다. 그러나 어쨌든 변수는 예측 가능하고 쉽게 참조할 수 있는 어떤 수의 값이든 나타낼 수 있다는 개념이 중요하다. 만약 변수의 초깃값이 필요 없거나 원하지 않는다면 자바스크립트에 그렇게 알리면 된다. 예를 들어 var foo;라고 작성했다면 이상하게 들릴지 모르겠지만 이는 새 변수(foo)를 undefined로 선언했다는 의미다. 즉 자바스크립트는 'foo'라는 단어를 변수로 식별했으며 어떤 값도 할당하지 않은 것이다. 이것이 무슨 의미인지는 자바스크립트 콘솔에서 다음과 같이 시험해보자.

```
var bar;
undefined

bar;
undefined

whatever;
Uncaught ReferenceError: whatever is not defined
```

여기서는 bar를 변수로 정의했다. 따라서 이를 콘솔에 입력하면 REPL은 충실히 그 값을 돌려준다. 그런데 우리는 값을 부여한 적이 없으므로 그 값은 undefined가 된다. 또한 정의한 적이 없는

whatever를 같은 방법으로 실행하면 자바스크립트는 에러가 발생한다.

첫 부분에 var가 보이는가? 변수를 선언할 때 var를 반드시 사용할 필요는 없다. 앞으로 설명하겠지만 가급적 var를 사용하는 것이 좋다. 자바스크립트 규칙상 반드시 필요하지는 않지만 가급적 구문의 끝에 세미콜론을 넣는 것과 마찬가지다.

```
var foo = 5;
undefined
```

값을 할당했는데도 *undefined*가 나온다고 실망하지 않아도 된다. 자바스크립트 엔진이 변수를 선언하는 행위 자체에 대한 응답으로 내놓을 것이 없기 때문이다.

한 번에 여러 변수를 선언할 수도 있다. 자바스크립트의 다른 많은 특징과 마찬가지로 복수의 변수를 선언하는 방법도 두 가지가 있다. 먼저 하나의 var를 사용하되 각 변수(변수 이름과 할당할 값)를 쉼표로 구분하는 방법이다. 물론 마지막은 세미콜론으로 끝내야 한다.

```
var foo = "hello",
    bar = "world",
    baz = 3;
```

둘째, 각 변수마다 var를 사용하는 방법이다.

```
var foo = "hello";
var bar = "world";
var baz = 3;
```

그다지 대단한 것은 없다. 이 두 가지 방법은 똑같고 어느 방법을 택할지는 개인 취향에 따라 다르다. 하지만 이는 자바스크립트 개발자 집단에서 뜨거운 논쟁거리다.

여기서 나의 개인 의견을 강요하는 것은 무책임한 일이므로 두 방법을 섞어서 사용하기보다는 항상 그 프로젝트의 코딩 표준을 따르기 바란다. 새 프로젝트라면 여러분이 편한 방법을 선택하되, 열린 마음을 가져야 한다. 개인 취향으로 다투기에는 해결해야 할 까다로운 문제가 더 많다. 확신이 들지 않는다면 자신이 선호하는 방식대로 하면 된다. 내가 옳다고 스스로를 믿으면 된다.

식별자

변수에 부여하는 이름을 식별자^{identifier}라고 한다.

자바스크립트의 다른 모든 것과 마찬가지로 식별자도 대소문자를 구분하며 다음과 같은 몇 가지 특별한 규칙이 적용된다.

- 식별자의 첫 글자로 일반 문자나 밑줄 문자, 달러 기호는 되지만 숫자는 안 된다.
- 식별자는 공백 문자를 포함할 수 없다.
- 식별자는 특수문자(! . , / \ + - * =)를 포함할 수 없다.

null처럼 아예 식별자로 사용할 수 없는 단어들도 있는데, 이를 키워드^{keyword}라고 한다. 키워드란 자바스크립트에서 이미 변경될 수 없는 의미를 지닌 단어이거나, 언젠가 자바스크립트에 사용될 수 있는 경우를 대비해 따로 떼어놓은 단어를 말한다. 자바스크립트에는 다음과 같은 키워드가 있다.

abstract boolean break byte case catch char class
const continue debugger default delete do double

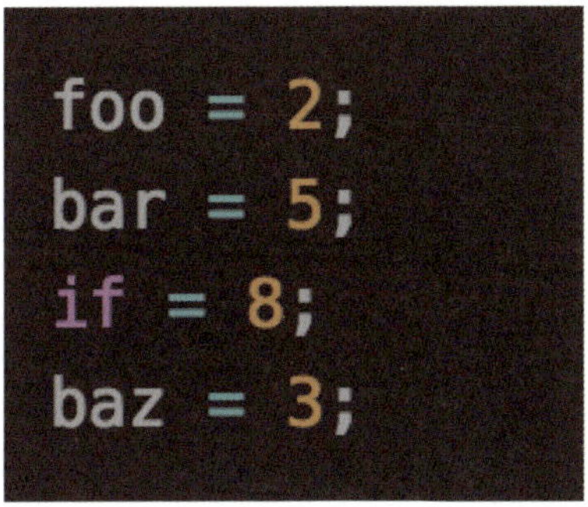

그림 2.7 에디터의 문법 강조 기능은 코딩할 때 오류를 잡아내기 쉽게 해준다.

else enum export extends false final finally
float for function goto if implements import in
instanceof int interface long native new null
package private protected public return short
static super switch synchronized this throw throws
transient true try typeof var void volatile while
with

무시무시한 한 무더기의 단어로 보이지만 적어도 반드시 외워야 할 대상은 아니다. 에디터가 알아서 문법 강조^{syntax highlighting}를 해줄 것이므로 긴가민가한 어떤 키워드를 변수로 사용하게 될 일은 거의 없을 것이다(그림 2.7).

이 같은 규칙을 위배하지 않는다면 식별자는 어떤 글자, 숫자, 밑줄 문자의 조합으로도 만들 수 있다. 식별자는 간결할수록 (valueOfAllItemsIncTaxAndShipping보다는 totalCost), 한눈에 이해하기 쉬울수록(v1보다는 selectedValue) 좋다. 따라서 예제에서 사용한 'foo', 'bar', 'baz' 등은 형편없는 식별자 이름이다. 이 단어들은 아무런 의미가 없으며 가리키고 있는 데이터에 대한 어떤 단서도 알려주지 않는다. 동시에 너무 자세한 수준으로 식별자 이름을 짓는 것도 피해야 한다. 예컨대 miles라는 이름의 변수에 언젠가 킬로미터 단위의 값이 들어가야 할 상황이 되면 여러분을 포함해 그 코드를 관리하는 개발자는 혼란스러울 수밖에 없다. 따라서 distance라는 이름이 훨씬 낫다.

변수 범위

함수를 설명할 때 더 자세히 다루겠지만 변수 범위$^{variable\ scope}$를 빼놓고는 변수에 대해 논할 수 없다.

    변수 범위란 식별자에 무언가를 할당한 소스 코드의 구획이라고 보면 된다. 그 구획을 벗어나면 그 변수는 정의되어 있지 않으며, 따라서 그 식별자를 다른 목적으로 재사용할 수 있다. 수만 줄의 코드가 파싱되고 실행되는 거대한 자바스크립트 애플리케이션도 있을 수 있다. 그러나 변수에 자신만의 범위가 있는 덕분에 우리는 변수를 전체 애플리케이션에서 사용할지, 소스의 일부 구획으로 제한할지 선택할 수 있다. 따라서 잠재적으로 실수하게 만들 수백 개의 변수를 만들 필요가 없다. 실수로 변수를 재사용하거나 재정의하는 위험이 없도록 모든 변수를 기억해야 한다면 특출한 프로그래머 로봇 두뇌가 필요할 것이다.

    변수 범위에는 지역^{local}과 전역^{global} 두 종류가 있다. 함수 밖에서 정의된 변수는 전역 변수이다. 이 변수는 말 그대로 전역이므로 전체 애플리케이션의 어느 곳에서든 접근할 수 있다.

    함수 안에서 정의된 변수는 정의하는 방법에 따라 지역이나 전역이 될 수 있다. 이는 var 키워드의 사용 여부에 따라 달라진다. 함수 안에서 var를 사용해 선언한 변수는 그 함수에 국한된 지역 변수가 된다. 그러나 var를 사용하지 않았다면 그 변수는 전역 변수, 즉 애플리케이션 전체에 노출되는 변수가 된다.

```
(function() {
  var foo = 5;
}());
```
undefined

```
console.log( foo );
Uncaught ReferenceError: foo is not defined
```

변수 범위는 다소 어려운 주제이며 함수에 대해 논의할 때 좀더 자세히 살펴볼 것이다. 지금은 변수를 정의할 때 항상 var를 사용하는 것이 무난하다. 늘 var를 쓴다는 것은 지역 변수는 지역으로만, 전역 변수는 전역으로만 유지된다는 뜻이다. 이는 예상치 않게 전역 변수의 값을 바꾸어버리는 함수를 찾기 위한 디버깅 시간을 절약할 수 있다. 지역 변수를 전역으로 노출시켜야 하는 경우 var를 생략하는 것보다 더 좋은 방법은 나중에 알아볼 것이다.

배열

배열은 변수와 크게 다르지 않지만 중요한 차이점이 하나 있다. 변수는 단 하나의 값만 갖지만 배열은 마치 목록처럼 여러 개의 값을 가질 수 있다. 배열의 문법 역시 변수의 경우와 비슷하다.

```
var myFirstArray = [ "item1", "item2" ];
```
undefined

매우 익숙한 형태다. 먼저 var 키워드와 식별자를 쓴 다음 등호를 사용해 값을 할당한다. 변수 범위를 포함한 모든 규칙이 동일하게 적용된다.

그러나 좀더 살펴보면 차이가 있다. 식별자가 하나의 자료형을 가리키는 대신 대괄호 안에 쉼표로 구분한 목록(앞에서는 두 개의 문자열)을 가리킨다는 점이다. 자바스크립트에서의 공백은 아무런 의미가 없으며 오로지 개인의 취향일 뿐이다. 즉 var myFirstArray = ["item1", "item2"];와 var myFirstArray=["item1","item2"];는 100퍼센트 똑같다. 그러나 전자의 경우가 더 읽기 편하다.

변수와 마찬가지로 배열에도 어떤 자료형이든 저장할 수 있다.

```
var myFirstArray = [ "item1", 2, 3, true, "last item" ];
undefined
```

이 코드를 개발자 콘솔에서 실행하면 변수의 경우와 마찬가지로 값을 돌려준다.

```
var myFirstArray = [ "item1", 2, 3, true, "last item" ];
undefined

myFirstArray
["item1", 2, 3, true, "last item"]
```

이처럼 배열의 모든 값을 한 번에 접근할 일은 거의 없을 것이다. 관련된 데이터의 여러 아이템을 하나로 꾸린 다음 필요한 개별 아이템에 접근하는 것이 배열을 사용하는 이유이기 때문이다. 개별 아이템에 접근할 때는 인덱스[index], 즉 배열 안의 아이템 위치에 해당하는 숫자를 사용한다.

```
var mySecondArray = [ "first", "second", "third" ];
undefined

mySecondArray;
["first", "second", "third"]
```

```
mySecondArray[ 0 ];
"first"

mySecondArray[ 1 ];
"second"

mySecondArray[ 2 ];
"third"
```

여기서 자바스크립트는 간단한 가정을 무너뜨린다. 배열의 첫 번째 아이템에 1을 지정할 것 같지만 자바스크립트는 제로베이스 zero-based 인덱스를 사용한다. 즉 자바스크립트 인덱스는 0부터 시작한다.

일단 인덱스를 사용해 배열 안의 위치를 참조하면 그다음은 변수를 다룰 때와 별반 다르지 않다. 배열 안의 어떤 아이템이든 그 데이터에 따른 자료형을 가질 수 있으며 변수의 경우와 마찬가지로 등호를 사용해 데이터를 다시 할당할 수도 있다.

```
var mySecondArray = [ "first", "second", "third" ];

mySecondArray[ 2 ];
"third"

typeof mySecondArray[ 2 ];
"string"

mySecondArray[ 2 ] = 3;
3

mySecondArray;
["first", "second", 3]
```

```
typeof mySecondArray[ 2 ];
```
"number"

```
mySecondArray[ 3 ] = "numero cuatro";
```
"numero quattro"

```
mySecondArray;
["first", "second", 3, "numero cuatro"]
```

지금까지는 대괄호를 사용해 배열을 초기화했다(배열의 정보에 접근할 때도 대괄호를 사용했다). 그러나 배열을 초기화하는 다른 방법이 있다.

```
var myFirstArray = new Array( "item1", "item2" );
```
undefined

```
myFirstArray;
["item1", "item2"]
```

이처럼 대괄호를 사용한 경우와 new Array() 문법을 사용하는 경우는 사실상 다르지 않다.

변수를 선언하되 값을 할당하지 않고 undefined로 남겨두는 경우와 마찬가지로, 배열 역시 대괄호든 new Array()든 아이템을 할당하지 않은 채 선언할 수 있다. 이때 대괄호 안이나 new Array()의 괄호 안을 비워둔다.

```
var arrayThree = [];
```
undefined

```
var arrayFour = new Array();
```
undefined

이 둘 역시 기능적으로 똑같다. 즉 두 문법 모두 빈 배열로 초기화된다.

다만 new Array( )에는 대괄호로 할 수 없는 한 가지가 있다. 바로 아이템의 개수를 지정할 수 있다는 점이다. 이 경우 모든 아이템은 undefined가 된다.

```
var threeItemArray = new Array( 3 );
undefined

threeItemArray
[empty × 3]
```

이는 아직 그 값을 정하지 않은 세 개의 아이템으로 새로운 배열을 생성시켰다는 뜻이다(브라우저 종류와 버전에 따라 undefined나 empty 등 표현이 다를 수 있으나 그 의미는 똑같다). 또한 그전에 보았던 배열과 동일하게 작동한다. 즉 지금의 세 아이템에 제한될 필요가 없으며 언제든지 값을 할당하거나 접근할 수 있다.

그러나 이 문법은 다소 혼란스러울 수 있다. new Array( )에 아이템 개수를 전달하는 방법과 배열 안에 포함될 실제 데이터를 전달하는 방법이 똑같기 때문이다. 이는 대괄호를 사용해 숫자형 데이터를 저장할 때와 전혀 다른 결과를 가져올 수 있다. 자바스크립트는 new Array( )의 괄호 안에 있는 여러 개의 숫자를 보고 숫자형 데이터로 이루어진 배열을 만들려는 의도임을 파악한다.

```
var numberArray = [ 777, 42, 13, 289 ];
undefined

numberArray;
[777, 42, 13, 289]
```

```
var otherNumberArray = new Array( 777, 42, 13, 289 );
undefined

otherNumberArray;
[777, 42, 13, 289]
```

그러나 숫자형 데이터 하나만을 전달해 배열을 초기화할 경우 두 개의 다른 문법으로 완전히 다른 결과를 가져온다. 먼저 대괄호를 사용할 경우에는 우리의 예상대로 작동한다. 즉 지정한 값 하나로 이루어진 배열이 생성된다.

```
var numberArray = [ 777 ];
undefined

numberArray;
[777]

numberArray[ 0 ];
777
```

그런데 new Array()를 사용할 경우에는 조금 이상하다. 결과적으로 777개의 'undefined' 아이템이 배열에 들어간다.

```
var otherNumberArray = new Array( 777 );
undefined

otherNumberArray;
[empty × 777]

otherNumberArray[ 0 ];
undefined
```

솔직히 말해서 나는 지금까지 원하는 개수의 undefined 아이템
으로 처음부터 배열을 초기화할 필요가 없었다. 물론 사람마다 주
어진 상황이 다를 수 있지만 나는 대괄호를 사용하는 방법만으로
도 늘 만족스러웠다.

일단 배열을 정의한 다음에는 데이터를 탐색하거나 변경할 수
있는 다양한 방법을 쓸 수 있다. 예컨대 .length 속성은 배열의 아
이템 개수를 반환한다.

```
var theFinalArray = [ "first item", "second item",
    "third item" ];
undefined

theFinalArray.length;
3
```

인덱스 자체는 평범한 숫자형이므로 배열 안의 정보에 접근할
때는 조금 창의적으로 이용할 수 있다.

```
var theFinalArray = [ "first item", "second item",
    "third item" ];
undefined

// 배열의 마지막 아이템 가져오기:
theFinalArray[ theFinalArray.length - 1 ];
"third item"
```

여기서는 마지막 아이템을 찾기 위해 .length를 이용했다. 배열
은 얼마든지 많은 수의 아이템을 가질 수 있으므로 마지막 아이템
에 접근하기 위해 단순히 숫자를 직접 사용하는 일은 어려울 것이
다. .length 속성을 사용하면 배열의 길이, 즉 아이템 개수를 알 수
있다. 하지만 자바스크립트는 제로베이스 인덱스 방식이므로 배열

의 길이를 그대로 사용할 수 없다. 앞의 예제에서 아이템 개수는 3이며 인덱스는 당연히 0부터 시작한다. 따라서 배열의 길이(숫자형 값)에서 1을 빼면 그것이 바로 마지막 아이템의 인덱스다.

객체와 속성

객체는 여러 개의 값을 속성이라는 형태로 가질 수 있다. 복수의 아이템을 포함하지만 각 아이템에 숫자형 인덱스가 부여되는 배열의 경우와는 달리, 객체의 속성은 문자열로 된 이름을 가진다.

```
var myDog = {
  "name" : "Zero",
  "color" : "orange",
  "ageInYears" : 3.5,
  "wellBehaved" : false
};
undefined
```

각 속성은 키-값 쌍key/value pair으로 구성된다. '키-값'에서 '키'란 어떤 값을 가리키고 있는 문자열을 말한다. 변수의 이름을 지을 때와 마찬가지로 키 역시 예측 가능하고 유연하며 알기 쉬운 이름으로 지어야 한다. 앞의 예제에서 myDog 객체의 각 속성은 name, color, ageInYears, wellBehaved이며 그에 대응하는 각 값은 문자열인 Zero와 orange, 숫자 3.5, 불리언 false다.

속성을 갖는 객체 자체를 다시 객체의 속성으로 사용할 수도 있다. 그렇게 함으로써 대량의 정보를 이식성 높은 데이터 패키지로 구성하는 일이 가능하다.

```
var myDog = {
  "name" : {
    "first" :"Zero",
    "middle" : "Baskerville",
    "last" : "Marquis"
  },
  "color" : "orange",
  "ageInYears" : 3,
  "wellBehaved": false
};
```
undefined

다시 말하지만 이 예제에서의 공백(들여쓰기, 개행, 콜론 옆의 공백 문자 등)은 자바스크립트에 어떤 문제도 일으키지 않는다. 이 공백들은 오직 인간이 알아보기 쉽게 하는 목적일 뿐이다.

객체 정의

새 객체를 정의하는 방법에는 두 가지가 있다. 하나는 new 키워드를 사용하는 방법인데, 이제는 하나도 어색하지 않을 것이다.

```
var myDog = new Object();
```
undefined

다른 하나는 객체 리터럴^{object literal}이라는 표기법을 사용하는 방법이다.

```
var myDog = {};
```
undefined

두 방법 모두 변수를 선언할 때와 비슷하다. 즉 var 키워드를 쓰고 그다음에 식별자를 쓴 다음 등호로 무언가를 할당한다.

두 방법 모두 같은 방식으로 객체를 선언하지만 큰 차이점이 하나 있다. new 키워드를 사용할 경우 객체를 먼저 정의한 다음에 데이터를 채워야 한다.

```
var myDog = new Object();
undefined

myDog.nickname = "Falsy";
"Falsy"
```

객체 리터럴 표기법을 사용하면 객체 정의와 데이터 할당을 한 번에 할 수 있다.

```
var myDog = {
  "nickname": "Falsy"
};
undefined
```

많은 개발자는 더 손쉽게 사용할 수 있는 객체 리터럴 표기법을 선호하며 이 책에서도 그 방법을 사용할 것이다.

속성의 접근과 변경

어느 방법으로든 일단 객체를 정의한 다음에는 객체 안의 정보에 접근하거나 정보를 변경할 수 있는 두 가지 방법이 있다. 바로 점 표기법dot notation과 대괄호 표기법bracket notation이다.

점 표기법으로 객체 속성의 정보에 접근하려면 객체 식별자와 속성 키 사이를 마침표로 연결해야 한다.

```
var myDog = {
  "name": "Zero"
```

```
};
```
undefined

```
myDog.name;
```
"Zero"

   대괄호 표기법의 경우 접근하고자 하는 키를 대괄호 한 쌍 안에 넣으면 된다. 마치 배열에서 인덱스를 사용하던 방법과 같다. 단, 점 표기법과는 달리 키의 이름을 문자열로 표현해야 하므로 따옴표가 필요하다.

```
var myDog = {
   "name": "Zero"
};
```
undefined

```
myDog[ "name" ];
```
"Zero"

   대괄호 표기법에서 문자열을 사용해야 하는 이유는 대괄호 표기법의 존재 이유와 같다. 복잡한 스크립트인 경우에는 커스텀 로직에 기반해 프로그래밍 방법으로 특정 키에 접근해야 할 수도 있다. 그러려면 문자열, 숫자, 변수 등을 조합해 새로운 문자열을 만들어야 한다. 예를 들어 다음 객체의 키 중 하나를 무작위로 선택하는 스크립트가 있다고 해보자.

```
var cars = {
   "car1" : "red",
   "car2" : "blue",
   "car3" : "green"
}
```
undefined

이 경우 1부터 3까지의 숫자를 포함하는 변수가 있으므로 숫자를 사용해 세 개의 키 중 하나를 가리키는 문자열을 만들어야 한다. 자바스크립트에서 무작위 숫자, 즉 난수를 만드는 방법은 얼마든지 있다. 그러나 지금은 일을 복잡하게 만들지 않기 위해 그냥 숫자 2를 사용해 car2라는 문자열을 만들기로 하자.

```
var cars = {
  "car1" : "red",
  "car2" : "blue",
  "car3" : "green"
}
undefined

var carKey = "car" + 2;
undefined

carKey
"car2"

cars.carKey
undefined
```

이 같은 상황에서는 값을 얻기 위해 점 표기법을 사용할 수 없다. 자바스크립트가 carKey를 변수로 취급하지 않기 때문이다. 점 표기법의 작동 원리를 감안하면 자바스크립트는 carKey를 우리가 찾는 키의 식별자로 생각하지, 그에 담긴 문자열로 생각하지 않는다.

그러나 대괄호 표기법은 문자열을 요구하며 carKey에는 문자열이 들어 있으므로 다음과 같은 코드는 잘 작동할 것이다.

```
var cars = {
  "car1" : "red",
  "car2" : "blue",
  "car3" : "green"
}
```
undefined

```
var carKey = "car" + 2;
```
undefined

```
carKey
```
"car2"

```
cars[ carKey ];
```
"blue"

 자바스크립트의 경험을 쌓을수록 대괄호 표기법을 영리하게 사용할 수 있는 다양한 방법을 알게 될 것이다. 그러나 굳이 그 정도로 영리해야 할 필요가 없다면 점 표기법이 훨씬 간단하고 한눈에 읽기에도 쉽다.

함수

함수function란 스크립트에서 같은 코드를 중복해서 작성하지 않고도 반복적인 작업을 수행할 수 있는 재사용 가능한 코드 블록을 말한다. 같은 코드를 또다시 작성하는 대신 실행해야 할 코드가 들어 있는 함수를 참조하는 식별자에 필요한 정보를 전달해 호출하면 된다.

 간단히 말하면 함수란 단순히 값을 저장하기보다는 무언가를 수행하는 객체다.

함수를 정의하는 방법 자체는 그리 놀라울 것이 없지만 약간의 코드가 더 필요하다. 늘 그래왔듯이 범위를 정하는 var를 쓰고, 원하는 식별자를 쓴 다음, 등호를 사용해 무언가를 할당하면 된다. 등호 다음에는 단순히 문자열, 숫자, 불리언 등이 아닌 function이라는 키워드와 괄호 한 쌍이 와야 한다. 그다음 중괄호 사이에는 이 함수가 호출될 때마다 실행될 코드를 작성한다. 그리고 으레 그렇듯이 마지막은 세미콜론으로 끝낸다.

```
var whatup = function() {
  console.log( "Hello again, world." );
};
undefined
```

이 코드는 개발자 콘솔에서 실행해도 아무 일도 일어나지 않는다. 즉 'Hello again, world.'가 찍히지 않는다. 지금은 whatup이라는 함수를 정의한 것에 불과하기 때문이다. 이 함수를 실제로 호출해야 'Hello again, world.'라는 문구가 출력된다.

이제 콘솔에 whatup을 입력하고 Enter를 누르면 브라우저에 따라 *function whatup()*이 찍히거나 함수 전체 코드가 출력될 것이다. 둘 중 어느 쪽이든 브라우저가 whatup이라는 함수에 대해 인식하고 있음을 의미한다. 실제로 함수를 실행하려면 식별자에 괄호를 붙여야 한다.

```
var whatup = function() {
  console.log( "Hello again, world." );
};
undefined

whatup;
ƒ () {
```

68 웹디자이너를 위한 자바스크립트

```
        console.log( "Hello again, world." );
}

whatup();
Hello again, world.
```

이처럼 단순한 형태라면 함수는 그다지 유용해 보이지 않는다. 같은 결과를 내는 정확히 똑같은 코드를 몇 번이고 실행해야 할 상황은 거의 없기 때문이다. 함수의 진정한 힘은 전달된 정보에 따라 다른 결과를 낸다는 데 있다. 식별자 다음에 있는 괄호는 브라우저에게 whatup이 함수라는 사실을 알려주는 것 이상의 역할을 한다. 인자argument 형태로 함수 안의 코드에 정보를 전달한다.

```
var greet = function( username ) {
   console.log( "Hello again, " + username + "." );
};
undefined
```

함수를 정의할 때 괄호 안에 username을 추가했는데, 이는 함수가 호출될 때 전달되는 값을 담을 username이라는 변수를 만든다는 의미다. 이 함수는 전달된 문자열을 'Hello again'이라는 인사말에 이어 붙이는 기능을 수행한다.

```
var greet = function( username ) {
   console.log( "Hello again, " + username + "." );
};
undefined

greet( "Wilto" );
Hello again, Wilto.
```

함수에 전달된 데이터를 검증하는 작업은 나중에 하기로 하고 지금은 자바스크립트 형 변환 기능 덕분에 탄력적인 문자열 연결이 가능하다는 점을 살펴보자. 다른 자료형을 전달해도 예상대로 잘 작동할 것이다.

```
var greet = function( username ) {
  console.log( "Hello again, " + username + "." );
};
undefined

greet( 8 );
Hello again, 8.

greet( true );
Hello again, true.
```

그런데 인자를 아예 생략하고 호출할 경우에는 조금 이상한 일이 벌어진다.

```
var greet = function( username ) {
  console.log( "Hello again, " + username + "." );
};
undefined

greet();
Hello again, undefined.
```

username에 들어갈 정보를 지정하지 않았으므로 자바스크립트는 username을 undefined 자료형으로 인지한다. 그리고 형 변환 기능 덕분에 undefined 자료형은 문자열 '*undefined*'로 바뀐다. 별로 우아하지는 않지만 그렇다고 틀린 말도 아니다. 어쨌든 함수는 이름 없는 그 무엇도 항상 환영한다.

더 일반적이고 강력한 함수의 용도 중 하나는 무언가를 계산할 수 있는, 재사용 가능하게 잘 꾸려진 방법을 제공한다는 데 있다. 이는 엄밀히 따져 수학 계산만을 의미하지 않는다. 물론 그것도 가능하다. 함수가 어떤 값을 '반환'하게 만들어졌다면 변수의 경우와 똑같이 함수를 다룰 수 있다. 마치 데이터를 담고 있는 하나의 컨테이너 같은 역할을 한다.

함수는 우리가 정의한 데이터 그대로가 아닌 무지막지하게 복잡한 로직의 결과를 반환한다. 엄청 복잡한 로직은 아직 다루지 않을 것이다. 지금은 비교적 간단한 결과를 반환하는 함수를 살펴볼 것이다. 바로 두 값을 더하는 로직이다.

```
function addTwoNumbers( num1, num2 ) {
   return num1 + num2;
}
undefined

addTwoNumbers( 4, 9 );
13

typeof addTwoNumbers( 2, 2 );
"number"
```

한 걸음 더 나아가 함수의 반환값을 변수에 할당해보자.

```
function addTwoNumbers( num1, num2 ) {
   return num1 + num2;
}
undefined

var sum = addTwoNumbers( 2, 3 );
undefined
```

```
sum
5

typeof sum
"number"
```

어떤 값을 반환하는 것이 함수의 최종 목적이라는 점, 그것이 바로 return 키워드가 의미하는 바임을 명심해야 한다. 즉 함수 안의 어떤 코드라도 return 구문 이후에 있다면 결코 실행되지 않는다.

```
function combineStrings( firstString, secondString ) {
  return firstString + secondString;
  console.log( "Hello? Can anyone hear me?" );
}
undefined

combineStrings( "Test", " strings" );
"Test strings"
```

앞의 예에서는 return 구문이 console.log 이전에 있기 때문에 console.log는 결코 실행되지 않는다. 심지어 에디터에 따라서는 아예 문법 오류로 표시하기도 한다.

거의 모든 것은 객체

앞에서 살펴본 내용은 자바스크립트로 개발할 때 흔히 사용하는 객체 유형이다. 아직 객체를 엄청나게 복잡한 방식으로 다루지는 않았지만 알고 보면 그런 객체 조합으로 자바스크립트 자체가 구성되어 있다. 즉 자바스크립트는 처음부터 끝까지 우리가 만들었던 것과 똑같이 철저히 미리 정의된 객체들로 구성된다.

어떤 조건 아래에서는 null과 undefined만 제외하면 모든 것이 객체로 취급된다. 심지어 모든 자료형 중에 가장 단순하다고 여겨지는 문자열까지도 객체다. 새로 만드는 문자열에는 배열의 경우처럼 속성과 메서드가 자동으로 장착된다. 즉 문자열은 객체를 정의하는 방법을 쓰지 않아도 즉시 다음과 같이 사용할 수 있다.

```
"test".length
4
```

기술적으로 보면 사실 앞의 문자열 자체는 객체가 아니며 그 자신이 어떤 메서드나 속성을 갖고 있지 않다. 문자열의 length 속성을 호출하면 자바스크립트는 그 의도를 알아챈다. 자바스크립트에는 모든 문자열에 적용할 수 있는 메서드와 속성이 별도로 정의되어 있다.

객체인지 아닌지를 뚜렷하게 구분할 필요가 있는가? 지금은 절대 아니다. 사실 조금 혼란스러운 부분이 있기 때문이다. 하지만 자바스크립트를 깊이 알게 될수록 차츰 구분할 수 있을 것이다. 그때까지는 자바스크립트 객체와 관련된 사안이 있을 때마다 이렇게 말하기로 하자. "모든 것은 객체다. 거의."

이제 스크립트를 구성하는 요소에 대한 감을 어느 정도 잡았으니 로직을 작성할 수 있게 되었다. 기본 사항을 이해했으니 개발자 콘솔에 막 던졌던 지금까지의 텍스트와는 다른, 무언가를 수행하는 스크립트를 작성할 수 있을 것이다.

마치 사람이 그러하듯이 브라우저도 기본적으로는 스크립트를 왼쪽에서 오른쪽으로, 위에서 아래로 읽는다. 그러나 다음 3장에서 배울 제어 흐름^{control flow} 구문을 사용하면 특정 시점에 특정 코드를 실행하거나, 아니면 아예 실행하지 않도록 제어할 수 있다.

처음에는 난해해 보일 것이다. 그러나 결과적으로는 놀랄 만큼

2장 자료형   73

복잡한 업무를 매우 간단한 구문으로 분해할 수 있다. 이 책의 목적상 제어 흐름은 조건문과 루프라는 두 범주로 나누어 살펴볼 것이다. 3장과 4장에서 자세히 알아보자.

3 조건문

조건문conditional statement은 로직에 대한 제어 흐름의 한 종류로 지정한 조건에 따라 언제 어디서 코드를 실행할지 결정한다.

if...else

거의 모든 종류의 조건문은 'X일 때 Y를 하라'의 변형이다. 모든 프로그래밍 언어에 존재하는 가장 대표적인 예로 if...else문이 있다. 3장을 마칠 무렵에는 '만약 이렇다면 저렇게 하라'라는 표면적으로는 아주 단순한 논리의 문장이 어떻게 스크립트에서 가장 큰 역할을 맡는지 알게 될 것이다.

if

쉽게 설명해서 if문은 if라는 키워드 다음의 괄호 안이 true로 판정될 경우 중괄호 안의 어떤 코드든 실행하라는 문장이다.

개발자 콘솔에 2 + 2 == 4를 실행하면 *true*가 반환된다는 사실을 2장에서 살펴보았다. 하나의 등호(=)는 할당, 두 개의 등호(==)는 비교라는 점을 유념하면서 이제 if문을 적용해보자.

```
if( 2 + 2 == 4 ) {
   console.log( "Hi there." );
}
Hi there.
```

별로 놀라울 것 없이 개발자 콘솔에 'Hi, there.'가 출력된다. 만약 거짓임을 알고 있는 구문을 괄호 안에 넣는다면 console.log가 있는 줄, 정확히는 중괄호 안의 어떤 코드도 실행되지 않는다.

```
if( 2 + 2 == 5 ) {
   console.log( "Hi there." );
}
undefined
```

이미 참인지 거짓인지 알고 있는 상황에서는 앞의 예제가 그리 유용해 보이지 않는다. 그러나 if문의 목적이 수학 법칙의 검증은 아니다. 자바스크립트 객체에는 스크립트를 통해 서로 다른 방식으로 다룰 각양각색의 복잡한 데이터가 들어 있을 수 있다. 그리고 객체를 다루는 방식이 데이터의 경우와 똑같다는 것을 기억한다면 단순한 if문을 사용해서도 스크립트의 흐름과 관련된 아주 복잡한 의사결정이 가능하다는 사실을 알 수 있다. 그러나 지금은 숫자형을 담는 하나의 변수만으로 몇 가지 실험을 더 해보자.

```
var maths = 5;

if( maths == 5 ) {
   console.log( "This number is five." );
}
This number is five.
```

`if`는 괄호 안의 내용이 참인지 여부만 확인하므로 굳이 특별한 수식을 넣어야 할 필요는 없다. 다음과 같이 불리언 값을 이용해도 된다.

```
var foo = false;

if( foo ) {
   /* 'foo'의 값을 'true'로 바꾸지 않는 한,
      여기에 어떤 코드를 넣어도 결코 실행되지 않는다. */
}
```

else

`if`문의 내용이 `false`로 판정되었을 때 다른 코드를 실행하려면 `else`를 사용할 수 있다. `else` 키워드는 `if`문의 중괄호를 닫은 다음에 기입하며, 그다음에는 한 쌍의 중괄호 안에 실행하고자 하는 코드를 넣는다. `else`문에서는 다시 조건을 판별할 필요가 없기 때문에 소괄호를 쓰지 않는다. 즉 단지 `if`의 결과에 따라 또 다른 동작을 수행하기만 하면 된다.

```
var maths = 2;

if( maths > 5 ) {
  console.log( "Greater than five." );
} else {
  console.log( "Less than or equal to five." );
}
```
Less than or equal to five.

else if

else if를 사용하면 여러 개의 if문을 연결할 수 있다. else if가 매우 복잡한 조건을 위해 사용해야 하는 가장 깔끔한 방법은 아니지만 알아둘 필요는 있다.

```
if( lunch == "gravel" ) {
  console.log( "That isn't food.");
} else if ( lunch == "burrito" ) {
  console.log( "A burrito is an excellent choice." );
} else {
  console.log( "It might not have been a burrito,
    but at least it wasn't gravel." );
}
```

 이 스크립트는 lunch 변수를 연속해서 확인한다. 먼저 점심 메뉴가 자갈("gravel")인지 확인하고, 그다음에는 부리토("burrito")인지 확인한다. 마지막 else는 둘 다 아닌 경우다.

 else if는 if나 else처럼 단독적인 자바스크립트 키워드가 아니다. 그보다는 복수의 if...else문을 축약해서 쓰기 위한 문법적인 대응책이라고 할 수 있다. 즉 앞의 코드는 다음 코드와 구조적으로 똑같다.

```
    if( lunch == "gravel" ) {
      console.log( "That isn't food.");
    } else {
      if ( lunch == "burrito" ) {
        console.log( "A burrito is an excellent choice." );
      } else {
        console.log( "It might not have been a burrito,
          but at least it wasn't gravel." );
      }
    }
```

보다시피 `if...else`문을 쓰든 `else if`를 쓰든, 두 가지 모두 읽거나 이해하기 쉬운 코드는 아니다. 다수의 비교를 수행하는 더 나은 방법은 나중에 살펴볼 것이다.

비교 연산자

두 값이 같은지 비교하는 일이 할 수 있는 전부라면 조건문의 유용성은 별로 크지 않을 것이다. 그러나 다행히 간단한 조건문 몇 가지로 할 수 있는 일은 많다. 이미 이전에 `if`를 사용해 `number` 값이 5보다 큰지 확인하는 코딩을 살펴보았다. 조건문을 사용하면 모든 종류의 값을 어떤 방법으로도 비교할 수 있다.

항등 연산자

앞서 두 값이 동일한지 확인하기 위해 `==`를 사용했다. 그러나 해당하는 경우에만 그럴 뿐 엄밀히 말하면 그것은 사실이 아니다.

자바스크립트는 '같음'을 확인하는 두 가지 방법을 제공한다. 하나는 우리가 사용했던 항등 연산자(`==`)이며, 다른 하나는 '완전 항등strictly equals' 연산자인 ===이다. 항등 연산자는 두 값에 대한 '약한loose' 비교를 수행하는데, 예컨대 2 == "2"의 경우 숫자와 문자열을 비교하는데도 그 결과는 *true*다. 자바스크립트가 항등 연산자의 사용 의도를 간파해 두 자료형이 일치되게 자동으로 변환시키기 때문이다.

이에 반해 2 === "2"와 같은 경우에는 *false*가 반환된다. 완전 항등 연산자를 사용할 때는 자동 형 변환이 일어나지 않기 때문이다. 이 경우 둘은 값뿐 아니라 자료형까지 같아야 참이 된다. 즉 완전히 똑같아야 한다.

항등 연산자가 마법을 과하게 부리는 것이라 생각한다면 맞다. 그래서 실제로 많은 개발자는 완전 항등 연산자를 더욱 선호한다. 자동 형 변환의 결과로 인한 모호함을 차단하기 위해서다.

truthy와 falsy

완전 항등 연산자는 하지 못하는, 항등 연산자에만 있는 유용한 것이 하나 있다. 바로 'truthy'와 'falsy'를 예측하는 능력이다.

두 단어에 모두 오타를 낸 것이 아니다. 자바스크립트에서의 모든 것은 엄격하지 않은 연산자를 사용할 때 불리언 값인 true나 false로 변환될 수 있다.

조금 혼란스러울 수 있으나 어느 경우가 truthy이고 falsy인지 엑셀 같은 스프레드시트에 기록해 관리해야 할 필요는 없다. 그 대신 truthy와 falsy를 추론할 수 있는 명확한 한 줄 요약이 있다. 바로 '무언가가 있으면 truthy, 아무것도 없으면 falsy'다. 예를 들어 0은 falsy다. null, undefined, NaN, 빈 문자열("")도 falsy다. 그 밖의 문자열, 숫자 등 무언가가 있는 모든 것은 truthy다.

truthy와 falsy의 용도가 명확하게 떠오르지 않는다면 이전에 문자열을 연결했을 때와 똑같은 함수 하나를 작성한다고 해보자.

```
function greetUser( name ) {
  console.log( "Welcome, " + name + "!" );
}

greetUser( "Muscles McTouchdown" );
Welcome, Muscles McTouchdown!
```

기억하겠지만 인자를 생략해 호출할 때도 에러가 발생하지 않는다. 자바스크립트는 name 변수가 존재한다는 사실을 알고 undefined 값을 문자열로 변환해 적용하기 때문이다.

```
greetUser();
Welcome, undefined!
```

이는 정확히 원하는 바가 아니다. 'undefined'를 환영하고 싶은 마음이 전혀 없기 때문이다. 다행히 if...else문을 사용해 결과를 조정할 수 있다.

```
function greetUser( name ) {
  if( name ) {
    console.log( "Welcome, " + name + "!" );
  } else {
    console.log( "Welcome, whoever you are!" );
  }
}
```

자바스크립트는 기본적으로 if문의 괄호 안 내용을 불리언 값으로 강제 변환한다. 즉 truthy인지, falsy인지 확인하기 위해서인데 문자열의 경우 비어 있지만 않다면 truthy다. 이제 다음과 같이 인자를 넣지 않고 새 함수를 호출해보자.

```
greetUser( "Mat" );
Welcome, Mat!

greetUser();
Welcome, whoever you are!
```

호출된다!

그럼에도 불구하고 이 함수는 아직 깔끔하지 못하다. 콘솔 출력을 위한 코드가 두 부분에 있기 때문이다. 이는 페이지의 다른 곳이든 스크립트의 다른 부분이든 얼마든지 있을 수 있다. 이렇게 중복되는 console.log를 하나로 줄임으로써 더 나은 구조를 만들 수 있다. 미래에 코드를 관리하게 될 담당자나 우리 자신을 위해서라도 스크립트를 가급적 간결하게 유지하는 것은 바람직하다. 이 같은 **중복배제**don't repeat yourself : DRY 개념은 앞으로도 자주 보게 될 것이다. 나중에 코드를 수정할 일이 있을 때 한곳에서만 하는 편이 훨씬 더 낫다. 예제에서 'Welcome'을 'Hi'로 바꾸는 것은 쉽지만 복잡한 스크립트에서는 변경이 필요한 모든 중복된 코드를 계속 기억하는 일은 불가능에 가깝다. 코드를 DRY하게 유지한다는 것은 코드가 하나의 길만 따라가게끔 하는 것과 비슷하다.

따라서 함수에서 콘솔에 서로 다른 문자열을 출력하는 두 줄 대신 다음과 같이 조건에 맞게 문자열을 만들어 마지막에 한 번만 출력하는 코드로 바꾸어보자.

```
function greetUser( name ) {
  if( name === undefined ) {
    name = "whomever you are";
  }
  console.log( "Welcome, " + name + "!" );
}
```

훨씬 더 간결해졌다. name의 값이 없는 경우에는 값을 부여하는 코드로 바꾸었다. 즉 truthy와 falsy의 자동 변환에 의존하지 않고 변수가 undefined인지 여부를 확인하는 방식으로 바꾼 것이다. console.log 구문에 도달했을 때는 이미 name의 값이 정의된 상태다.

코드의 복잡성을 측정하는 방법 중 하나는 코드를 우리가 쓰는 평이한 문장으로 풀어서 살펴보는 것이다. 수정하기 전인 앞의 함수를 문장으로 표현하면 다음과 같다.

> name의 값이 truthy라면 name을 포함하는 문자열을 콘솔에 출력하라. 그러나 name의 값이 falsy라면 다른 대체 문자열을 콘솔에 출력하라.

문장으로 표현했는데도 코드만큼이나 어색하다. 개선된 함수를 표현한 다음 문장과 비교해보자.

> name이 undefined라면 정의하라. name을 포함하는 문자열을 콘솔에 출력하라.

훨씬 나아졌다. 이로써 처음으로 자바스크립트 리팩토링refactoring을 해본 것이다.

비항등 연산자

느낌표(!)는 논리 부정 연산자logical NOT operator로 그다음에 오는 값을 무조건 부정한다.

```
true
```
true

```
false
```
false

```
!true
```
false

만약 논리 부정 연산자 !가 숫자나 문자열과 같은 자료형 앞에 있으면 그 데이터의 truthy나 falsy 값을 바꾼다.

```
"string"
```
"string"

```
!"string"
```
false

```
0
```
0

```
!0
```
true

느슨하든 엄격하든 두 값을 비교해 ==와 ===가 true를 반환하는 것과 마찬가지로, 비항등 연산자(!=)와 완전 비항등 연산자(!==)는 두 값이 같지 않으면 true를 반환한다. 글로 설명하기에는 조금 어려움이 있으므로 다음과 같이 if문의 맥락에서 이해해보자.

```
var foo = 2;

if( foo != 5 ) {
  console.log( "'foo' is not equal to five" );
```

>	~보다 큰
<	~보다 작은
>=	~보다 크거나 같은
<=	~보다 작거나 같은

그림 3.1 관계 연산자 요약

```
}
'foo' is not equal to five
```

`==`와 마찬가지로 `!=`도 비교를 위한 강제 형 변환을 수행한다. `!=`를 사용해 비교할 때 자바스크립트는 숫자 `2`와 문자열 `"2"`를 똑같다고 판단한다. 따라서 결과값은 `false`가 된다.

```
2 != "3"
true

2 != "2"
false
```

관계 연산자

관계 연산자^{relational operator}는 항등 연산자보다 이해하기 쉽다(그림 3.1).

이 연산자들은 우리가 예상하는 대로 작동한다. 별로 대단할 것도 없으며, 짜증 나는 비항등 연산자의 경우처럼 곰곰이 생각해야 할 필요도 없다.

```
3 > 1
true

3 < 1
false

10 >= 5
true

5 >= 5
true

var bikeName = "Bonneville";
if( bikeName.length <= 10 ) {
  console.log( "There are at least ten characters in
    this bike's name." );
}
```
There are at least ten characters in this bike's name.

논리 연산자

if...else문은 우리가 아는 값을 사용해 많은 일을 수행한다. 그러나 논리 연산자logical operator는 더욱 복잡한 비교 로직을 함께 연결해 하나의 표현식으로 수행할 수 있게 해준다. 우리는 이미 논리 연산자 중 하나를 살펴보았다. 바로 논리 부정 연산자(!)다. 그러나 !는 피연산자가 하나인 단항 연산자unary operator인 반면, 지금부터 알아볼 논리합logical OR(||)과 논리곱logical AND(&&)은 피연산자가 둘인 이항 연산자binary operator다.

||과 &&은 하나의 표현식 안에서 여러 값을 평가할 수 있게 해준다. ||을 사용하는 다중 비교의 경우 어느 하나의 표현식이라도 *true*라면 전체 표현식은 *true*를 반환한다. 반면에 &&을 사용하는

다중 비교에서는 모든 표현식이 *true*로 평가되어야 전체 표현식도 *true*를 반환한다. 이 역시 실제로 해봐야 이해할 수 있으므로 개발자 콘솔로 가서 다음을 실행해보자.

```
5 < 2 || 10 > 2
```
true

5가 2보다 작지 않음은 명백하다. 따라서 이 표현식 단독으로는 결코 *true*로 판정될 수 없다. 그러나 10은 2보다 크며 두 비교문은 논리합으로 연결되었으므로 전체 문장은 *true*가 된다.

```
10 > 5 && "toast" === 2
```
false

물론 10은 5보다 크므로 이 부분만큼은 참이다. 그러나 toast라는 문자열은 숫자 2와 아무 관련이 없으며 엄격히 같지 않다. 여기서 두 표현식이 논리곱으로 연결되었으므로 둘 중 하나가 *false*라면 전체 문장은 *false*가 된다.

표현식 그룹화

||이나 &&, 또는 둘 다 사용된 다중 표현식에서 각 식의 평가는 왼쪽에서 오른쪽으로 진행된다. 예컨대 다음 문장에서 자바스크립트는 결코 myString의 길이를 확인하지 않는다.

```
2 + 2 === 9 && "myString".length > 2
```
false

자바스크립트는 첫 번째 표현식에서 *false*가 반환됨을 본 다음 논리곱 연산자를 보게 되며, 그 시점에서 전체 문장이 *true*를 반환할 가능성이 전혀 없음을 알게 된다. 논리합의 경우에도 마찬가지다.

```
2 + 2 !== 9 || "myString".length > 2
true
```

첫 번째 표현식이 *true*를 반환하고 그다음 논리합 연산자가 있다. 따라서 전체 문장은 무조건 *true*를 반환해야 하며 두 번째 표현식은 평가할 필요도 없다.

괄호를 사용하면 그런 평가 방식을 변경할 수 있다. 지금 우리는 은근슬쩍 대수학을 향해 다시 돌아가고 있다. 먼저 동시에 *true*를 평가하는 세 개의 구문으로 시작할 것이다. 다만, 자바스크립트 방식으로 이해하기 위해 불리언 값을 직접 사용할 것이다.

```
false && true || true
true
```

자바스크립트는 가장 먼저 `false && true`가 *true*인지 평가한다. `true && true`였다면 그렇게 할 필요가 없겠지만 `false &&`이라면 *false*를 반환할 가능성도 있기 때문이다. 그다음 오는 것은 논리합 연산자다. 첫 표현식의 결과가 *false*였으므로, 이제 `false || true`를 평가해야 할 차례다. 논리합을 사용했으므로 *true*가 하나라도 있다면 *true*이며 이 문장 전체는 *true*가 된다.

그러나 두 번째 표현식에 괄호를 추가하면 그와 같은 평가 방식을 바꿀 수 있다.

```
false && ( true || true )
false
```

자바스크립트가 첫 번째로 보는 것은 여전히 false &&이다. 괄호는 그 안의 모든 내용을 하나로 평가하라는 의미이므로 전체 평가 항목 수는 세 개가 아니라 두 개다. 따라서 논리곱의 왼쪽이 false이므로 평가 작업은 거기서 멈춘다. false &&은 결코 true를 반환할 수 없기 때문이다. 괄호를 사용함으로써 결과적으로 이 문장 전체를 false로 만든 셈이다.

벌써 골치가 아픈가? 나도 여러분과 크게 다르지 않다. 그리고 이런 작업을 온종일 한다. 이것이 최소한 다시 변경할 수 있을 정도의 코드 관리를 위해, 괄호를 사용해 자바스크립트가 복잡한 문장을 어떻게 평가하는지를 명확히 하기 위해 들인 습관이다. 이제 자바스크립트가 괄호 안의 내용을 표현식 하나로 취급한다는 것을 알았으므로 false && true || true를 다음과 같이 바꾼다면 더욱 읽기 쉬워질 것이다.

```
( false && true ) || true
true
```

복잡하게 얽혀 있던 이전의 else if 예제를 떠올려보라. 이제 우리는 하나의 if문으로도 좀더 고급스럽게 비교할 수 있게 되었다. 즉 많은 복잡함을 제거하면서도 기능을 더 추가하는 일이 가능해졌다. 예를 들어 다음과 같이 타코 요리도 추가할 수 있다.

```
var lunch = "tacos";
if( lunch !== "gravel" && ( lunch === "burrito" ||
  lunch === "tacos" ) ) {
  console.log( "Delicious." );
}
Delicious.
```

추가로 이번에는 이를 함수로 만들어보자.

```
function mealChecker( lunch ) {
  if( lunch !== "gravel" && ( lunch === "burrito" ||
    lunch === "tacos" ) ) {
    console.log( "Delicious." );
  }
}

mealChecker( "Tacos" );
undefined
```

무언가 굉장히 잘못되었다. 함수에 문자열을 전달했으나 작은 실수가 하나 있었다. 대문자 T를 사용한 것이다. 자바스크립트는 대소문자를 구별하므로 Tacos와 tacos는 같지 않다.

그렇다면 이제 이 함수는 영원히 소문자로만 된 값을 받아야 한다는 규칙을 정할 수도 있다. 그러나 그렇게 할 경우 문서에 이를 명시하거나, 아니면 최소한 이 사실을 절대 잊어서는 안 된다. 더 나은 접근 방법은 대문자든 소문자든 자바스크립트로 하여금 하나로 통일시키게 하는 것이다.

2장 내용을 떠올려보자. 객체를 직접 만들 때처럼 메서드나 속성을 정의하지 않았는데도 모든 문자열은 이미 내장된 일련의 속성과 메서드를 갖고 있다. .length가 그중 하나였다. 여기서는 .toLowerCase()라는 또 다른 내장 메서드를 이용해보자. 그 이름이 의미하듯이 이 메서드는 문자열 전체를 무조건 소문자로 반환한다.

```
"THIS IS A STRING".toLowerCase();
this is a string
```

이 메서드는 소문자로만 된 값을 반환하지만 반드시 기억해야 할 것은 이 메서드나 이런 유형의 메서드는 문자열 자체를 변경하지 않는다는 사실이다. 즉 문자열을 어떤 변수에 저장하고 그 변수에 대해 .toLowerCase()를 호출해도 변수에 저장된 문자열은 그대로다.

```
var foo = "A String";
undefined

foo
"A String"

foo.toLowerCase();
"a string"

foo
"A String"
```

이는 비교를 수행하는 데 여러 방식을 활용할 수 있다는 의미다. 예컨대 다음과 같이 모든 lunch 변수에 대해 .toLowerCase()를 호출하는 방법이 있다.

```
function mealChecker( lunch ) {
  if( lunch.toLowerCase() !== "gravel" && (
    lunch.toLowerCase() === "burrito" ||
    lunch.toLowerCase() === "tacos" ) ) {
    console.log( "Delicious." );
  }
}

mealChecker( "Tacos" );
Delicious.
```

이는 작동은 하겠지만 결코 DRY한 코드가 아니다. 이보다 충분히 더 나은 코드를 만들 수 있다. 함수의 가장 윗부분에서, 즉 어떤 비교도 수행하기 전에 한 번만 .toLowerCase()를 사용하는 것이

3장 조건문 **91**

다. 이때 .toLowerCase()가 반환한 소문자 버전의 값을 lunch 자신에 할당한다.

```
function mealChecker( lunch ) {
  lunch = lunch.toLowerCase();
  if( lunch !== "gravel" && ( lunch === "burrito" ||
    lunch === "tacos" ) ) {
    console.log( "Delicious." );
  }
}

mealChecker( "TACOS" );
Delicious.
```

여기서 값이 할당되는 lunch에 var를 사용할 필요는 없다. 함수 인자로서 lunch는 이미 함수 안에서 정의된 변수와 같은 의미이기 때문이다.

switch

switch문은 읽기 힘든 연속된 else if문과 비슷하게 작동하지만 그보다 훨씬 간결하고 실용적으로 비교를 수행한다. switch문의 문법은 if문의 문법과 조금 다르다.

```
var theNumber = 5
switch( theNumber ) {
  case 1:
    console.log( "This is the number one." );
    break;
  case 2:
    console.log( "This is the number two." );
    break;
```

```
      case 3:
      case 4:
        console.log( "This is either three or four." );
        break;
      case 5:
        console.log( "This is the number five." );
    }
```

무언가 많은 일이 벌어지고 있으므로 한 줄씩 차근히 따라가보자. 그보다 먼저 자바스크립트는 공백을 무시한다는 사실을 기억하자. 여기에 있는 모든 들여쓰기는 오로지 가독성을 위한 것이며 필수는 아니다.

이쯤이면 이제 첫 번째 줄 정도는 지겨운 코드다. theNumber라는 식별자로 변수를 정의하고 거기에 숫자형인 5를 할당했다. 또한 지금은 임시로 코드를 다루고 있으므로 theNumber가 아주 정확히 설명하는 이름이 아니더라도 신경쓰지 말자.

두 번째 줄은 우리가 잘 알고 좋아하는 if문의 형식과 비슷해 보인다. if문과 마찬가지로 switch 다음에도 한 쌍의 괄호와 중괄호가 오기 때문이다. 그러나 if문과는 달리 switch의 괄호 안에서는 비교를 수행하지 않는다. 그 대신 함수에 인자를 전달하는 것처럼 비교하고자 하는 정보를 단순히 전달하기만 한다. 현재로서는 switch(theNumber) {}는 theNumber 변수의 값이 switch문 안에서 비교하고자 하는 대상이라는 사실만을 알 수 있다.

세 번째 줄인 case 1:이 드디어 실제로 비교를 수행하는 위치다. case 키워드 다음에는 switch 다음 괄호를 통해 전달된 값과 비교할 값이 위치하며 그다음에는 콜론(:)으로 끝난다. 따라서 case 1: 줄은 실제로는 'theNumber가 숫자 1과 같다면 다음을 실행하라'는 의미다. switch문에서의 모든 비교는 엄격한 비교다. 즉 case "1":은 "1"이 숫자형이 아닌 문자열이므로 틀린 형식이다.

3장 조건문 **93**

```
switch( "1" ) {
  case 1:
    console.log( "This is the number one." );
    break;
  case "1":
    console.log( "This is the string '1'" );
}
This is the string '1'
```

break문은 '부합하는 값을 찾았으니 이제 비교는 그만하라'는 의미다. 물론 비교를 즉각 중단하고 싶지 않을 수도 있기 때문에 항상 break를 써야 하는 것은 아니다. 앞의 예제에서 보듯이 case 3과 case 4의 비교를 거쳐 둘 중 하나가 맞다면 theNumber가 3이나 4라는 메시지를 console.log로 출력한 다음에 break를 써도 된다. 이것이 가능한 이유는 엄밀히 말하면 switch문은 자바스크립트에 '부합하는 case를 만나면 그다음에 있는 코드를 모두 실행하라. 단, break 키워드(또는 마지막 중괄호)를 만나면 중단하라'는 의미이기 때문이다.

이 같은 작동 방식을 확인하기 위해 현재 요일을 1부터 7까지의 숫자로 받아들이고, 오늘을 포함해 이번 주에 지나간 요일을 모두 출력하는 함수 하나를 작성해보자.

```
function daysPassedThisWeek( numericDay ) {
  console.log( "The following days have already
    happened this week:" );
  switch( numericDay ) {
    case 7:
      console.log( "Saturday" );
    case 6:
      console.log( "Friday" );
```

```
      case 5:
        console.log( "Thursday" );
      case 4:
        console.log( "Wednesday" );
      case 3:
        console.log( "Tuesday" );
      case 2:
        console.log( "Monday" );
      case 1:
        console.log( "Sunday" );
        break;
      default:
        console.log( "Wait, that isn't a numbered day
          of the week." );
  }
}
daysPassedThisWeek( 3 );  /* 오늘은 이번 주의 셋째 날 */
The following days have already happened this week:
Tuesday
Monday
Sunday
```

매우 유용한 함수라고 말할 수는 없지만 적어도 작동 방식을 이해하는 데는 도움이 될 것이다. 값이 case 3:에 부합하면 다음 break가 나올 때까지의 모든 console.log가 실행되므로 지나간 요일을 모두 얻을 수 있다.

또한 이 switch문에서는 처음으로 default라는 키워드가 등장한다.

default는 if문에서의 else 같은 역할이라고 생각하면 이해가 쉽다. 어떤 case문에서도 true가 반환되지 않았을 때 default 절의 코드가 실행된다.

3장 조건문 **95**

```
daysPassedThisWeek( 75 );
```
The following days have already happened this week:
Wait, that isn't a numbered day of the week.

default 코드를 마지막에 넣었으므로 default 절에는 break를 넣을 필요가 없다. 그러나 default 이전에는 break가 필요하다. 그렇지 않으면 default 절까지 실행되기 때문이다. 만약 default를 가장 앞에 두고 싶다면 그 안에 break를 넣는 것이 이 코드의 목적에 맞다.

```
function daysPassedThisWeek( numericDay ) {
  console.log( "The following days have already
    happened this week:" );
  switch( numericDay ) {
    default:
      console.log( "Wait, that isn't a numbered day
        of the week." );
      break;
    case 7:
      console.log( "Saturday" );
    case 6:
      console.log( "Friday" );
    case 5:
      console.log( "Thursday" );
    case 4:
      console.log( "Wednesday" );
    case 3:
      console.log( "Tuesday" );
    case 2:
      console.log( "Monday" );
    case 1:
      console.log( "Sunday" );
  }
}
```

daysPassedThisWeek(5); /* 오늘은 이번 주의 다섯째 날 */
The following days have already happened this week:
Thursday
Wednesday
Tuesday
Monday
Sunday

사실 switch가 조금 특이하다. 그러나 하나의 객체에 대해 연속으로 비교를 수행해야 할 상황에서는 매우 유용하다. 예를 들어 키보드 입력을 받아들여 스프라이트를 움직이게 하는 스크립트를 만든다고 가정하자. 실제로도 많은 게임에서 캐릭터를 좌우로 움직이려면 화살표 키나 'A'와 'D'를 사용한다. 자바스크립트에서 키 누름은 이벤트 객체(뒤에서 살펴볼 것이다)로 표현되는데, 키 누름 이벤트에는 각 키에 대응하는 고유한 숫자 값의 속성이 있다.

```
function movePlayer( keyCode ) {
  switch( keyCode ) {
    case 65:  // A 키의 키코드
    case 37:  // 왼쪽 화살표 키의 키코드
      moveLeft();
      break;
    case 68:  // D 키의 키코드
    case 39:  // 오른쪽 화살표 키의 키코드
      moveRight();
  }
}
```

물론 if문을 연속으로 붙여서 이 코드와 동일한 작동을 하게 만들 수도 있다. 그러나 그렇게 하면 새로운 키 이벤트를 추가할 때마다 if문을 연결해 똑같은 keyCode 객체에 대해 반복적으로 비교하는 작업이 필요하다. 그 대신 switch를 사용하면 훨씬 더 유연하고

DRY한 코드를 만들 수 있으며 그것이 바람직한 방향이다.

정리

3장에서는 `if`와 `switch`만으로 '만약 이렇다면, 저렇게 하라'는 간단한 로직부터 매우 복잡한 로직까지 모두 처리했다. 그와 관련해 알아야 할 사항이 많았지만 반드시 모두 기억해야 할 필요는 없다. 그 대신 조건을 다루는 어떤 로직이든 표현할 수 있는 방법이 있다는 정도만 기억하고 다음 장으로 넘어가면 된다. 정확한 문법이 바로 생각나지 않는다면 언제든 다시 3장을 펼쳐보기 바란다.

　조건문은 코드를 선택적으로 실행할 수 있게 하지만 그 밖에도 제어 흐름의 유형은 더 있다. 프로그래밍은 일련의 작업을 몇 번이고 반복해서 수행하는 경우가 많다. 예를 들어 웹 페이지 안의 특정 유형의 모든 요소를 반복해 원하는 값이 있는 속성을 찾는다든지, 배열의 모든 아이템을 돌아다니며 특정 조건문에 맞는 값이 있는지 찾는 일 말이다. 그와 같은 작업을 하려면 루프라는 것을 배워야 한다.

4 루프

루프^{loop}란 어떤 조건 집합이 만족될 때까지 코드를 반복 수행하는 것을 말한다. 언뜻 보면 간단한 개념 같지만 실제로는 어마어마한 분량의 작업을 가능하게 해주는 기술이다.

for

for 루프는 정해진 수만큼의 루프, 즉 이터레이션^{iteration}을 수행하고자 할 때 사용한다. 여기서 '정해진'이라는 말은 컴퓨터 앞에 앉아 있는 우리가 루프 횟수를 미리 알고 있다는 의미가 아니다.

  for 루프의 문법은 다소 까다로운데 많은 정보를 불과 몇 개의 문자로 표현하기 때문이다. 어느 정도 예측할 수 있듯이 기본적으로는 for 키워드 다음에 한 쌍의 괄호, 그다음에는 한 쌍의 중괄호가 있다.

그러나 괄호 내부의 문법은 우리가 지금까지 보지 못했던 형태다. for 루프는 초기화initialization, 조건condition, 마지막 표현식final expression이라는 세미콜론으로 구분된 세 개의 표현식을 받아들인다.

```
for( var i = 0; i < 3; i++ ) {
   console.log( "This loop will run three times.")
}
```
(3) This loop will run three times.

초기화는 대부분 하나의 목적을 위해 사용된다. 바로 카운터 역할을 할 변수를 초기화하는 일이다. 다른 보통의 변수를 초기화할 때와 마찬가지로 var 키워드와 식별자를 정의하고 거기에 값을 할당하면 된다. 이 카운터 변수의 식별자로 i를 많이 보게 될 텐데, 이는 'iteration'에서 따왔다. 식별자를 한 글자로 하는 것이 변수 이름으로는 좋지 않지만 지금의 i는 아주 오래전부터 이어져온 관례다. 자바스크립트는 제로베이스 방식의 인덱스를 사용하므로 여기서의 i도 항상 0부터 시작하는 것이 좋다. 그래야만 1부터 세는 버릇이 들거나, 잘못된 횟수만큼 스크립트가 실행되는 것을 막을 수 있다.

조건은 루프를 중단시킬 방법을 정의한다. 여기서는 i가 0부터 시작하므로 i가 3보다 작으면 루프가 계속될 것이다.

마지막 표현식은 매 루프의 마지막에 실행하고자 하는 구문이다. 여기서 i를 1만큼 증가시키면 된다. 증감 연산자(++)는 1만큼 증가시킨다는 의미다. 따라서 마지막 표현식으로 후위 증감 연산자(i++)는 매번 루프의 마지막에 i의 값을 1만큼 증가시키라는 의미가 된다.

앞의 코드를 알기 쉬운 문법으로 표현하면 다음과 같다. "i는 0

부터 시작하라. i가 3보다 작을 경우에만 다음 코드를 실행하고 한 루프가 끝날 때마다 i에 1을 더하라."

for 루프의 가장 흔한 용도는 배열 안의 각 아이템을 돌아가며 접근하는 일이다. 3장에서 살펴보았듯이 배열에는 아이템의 개수를 확인할 수 있는 .length 속성이 포함되어 있다. 즉 항상 아이템의 개수를 아는 상태에서 배열을 다루게 된다. 이를 for 루프의 조건 부분에 적용하면 배열 아이템 개수만큼 루프를 반복할 수 있게 된다.

```
var loopArray = ["first", "second", "third"];
for( var i = 0; i < loopArray.length; i++ ) {
  console.log( "Loop." );
}
(3) Loop.
```

또한 이 배열에 아이템 하나를 추가하면 루프의 횟수도 그에 맞게 바뀐다.

```
var loopArray = ["first", "second", "third", 4];

for( var i = 0; i < loopArray.length; i++ ) {
  console.log( "Loop." );
}
(4) Loop.
```

좋다. 이제 어떤 코드라도 배열 아이템 개수만큼 반복 수행하게 만들 수 있다. 앞의 예제는 흥미롭거나 유용해 보이지 않을 것이다. 그러나 매우 흥미로운 점은 i가 루프 안에서도 사용될 수 있는 평범한 숫자형 변수라는 것이다. 또한 i를 0으로 초기화함으로써 i의 값은 정확히 배열 아이템의 인덱스와 일치한다. 따라서 for 루프는 어떤 배열이라도 한 번에 모든 아이템을 돌며 접근할 수 있는 훌륭한 방법이다.

```
var names = [ "Ed", "Al" ];

for( var i = 0; i < names.length; i++ ) {
  var name = names[ i ];
  console.log( "Hello, " + name + "!" );
}
Hello, Ed!
Hello, Al!
```

보다시피 루프를 돌며 names에 i를 인덱스로 사용함으로써 배열 안의 각 아이템에 접근할 수 있게 되었다.

물론 여기서 새 name 변수를 굳이 만들지 않고 console.log 안에 names[i]를 직접 사용해도 아무 문제가 없다. 다만 배열의 데이터를 변수에 저장해두면 루프 안에서 그 변수를 여러 번 사용해야 할 때 좀더 편할 뿐이다.

for...in

for...in 루프는 앞서 for 루프와 똑같이 for 키워드, 한 쌍의 괄호, 한 쌍의 중괄호로 구성된다. for...in 역시 루프를 돌며 복수의 아이템에 접근하는 일을 하지만 반드시 배열의 방식과 같은 것은 아니다. for...in은 루프를 돌며 순차적이 아닌 임의적인 순서로 객체 속성에 접근하기 때문이다.

for...in 루프에서 괄호 안은 초기화, 조건, 마지막 표현식이 아닌 객체의 키에 대응하는 변수의 초기화, in 키워드, 접근하고자 하는 객체로 구성된다.

```
var nameObject = {
  "first": "Mat",
  "last": "Marquis"
};

for( var name in nameObject ) {
  console.log( "Loop." );
}
(2) Loop.
```

편리하게 i 변수를 쓸 수 있었던 배열의 for와 달리 객체에 어떤 문자열이 키로 사용되었는지 알아내기 위해 약간의 추가 작업이 필요하다. 각각의 키는 괄호 안에서 초기화될 때 name이라는 변수에 할당된다.

```
var nameObject = {
  "first": "Mat",
  "last": "Marquis"
};

for( var name in nameObject ) {
  console.log( name );
}
first
last
```

겉보기에는 그다지 유용해 보이지 않는다. 그러나 for 루프에서 숫자형을 사용해 데이터에 접근할 수 있었던 것과 마찬가지로 for...in에서는 문자열을 사용해 객체의 데이터에 접근할 수 있다.

4장 루프 **103**

```
var fullName = {
  "first": "Mat",
  "last": "Marquis"
};

for( var name in fullName ) {
  console.log( name + ": " + fullName[ name ] );
}
```
first: Mat
last: Marquis

점 표기법 대신 대괄호 표기법을 사용한 것을 볼 수 있다. 그렇게 해야 하기 때문이다. `fullName.name`을 사용한다면 `name`이 담고 있는 문자열에 부합하는 `fullName` 안의 키가 아니라, 그야말로 이름이 `name`인 키의 속성에 접근한다는 의미다.

이제 이런 생각을 할 수 있을 것이다. '거의 모든 것이 객체이거나 그에 준한다고 했으니 배열도 `for...in`을 사용해 루프를 돌릴 수 있지 않나?' 사실이다. `for...in`을 사용해 다른 객체와 마찬가지로 배열도 다룰 수 있다. 그러나 `for` 루프에 비해 `for...in`은 배열에 그다지 적합하지 않다. 먼저 한 가지 이유는 `for...in`에서는 배열에 대한 순차적인 접근을 보장할 수 없기 때문이다. 물론 이는 하기 나름이다.

그보다 더 큰 문제는 `for`에는 나타나지 않았던 숨겨진 단점 하나가 `for...in`에는 드러난다는 점이다. 자바스크립트에서 모든 것은 객체이며 어떤 객체든 속성을 가질 수 있다. `for...in`은 우리가 알 필요도 없는 속성까지 모두 접근한다는 뜻이다.

다시 말하지만 자바스크립트에서는 모두 '내장된built-in' 메서드와 속성을 갖고 있다. 우리가 단지 몇 개의 문자만을 가지고 정의한 문자열에도 `.length`나 `.toLowerCase()` 같이 속성과 메서드가 따라온다.

그런 내장 메서드나 속성은 자바스크립트의 구석진 깊은 곳에 숨어 있지 않다. 자료형, 배열, 객체 등에 딸려 있는 그런 메서드나 속성은 언제든지 볼 수 있고, 심지어 변경도 할 수 있다.

프로토타입을 통한 상속

대부분 객체에는 내장 속성을 담고 있는 prototype이라는 이름의 내부 속성이 있으며 이를 프로토타입prototype이라고 한다. 그러나 프로토타입에 접근하는 방법은 조금 낯설어 보인다. 어떤 객체의 속성에 접근하려 하면 자바스크립트 런타임은 먼저 그 속성이 우리가 정의한 것인지 확인한다. 그렇지 않다면 그 객체의 생성자constructor를 위한 prototype 속성을 키로 사용한다. 여기서 생성자란 어떤 유형의 객체를 다룰 때마다 자바스크립트가 준수하는 중요한 템플릿의 일종이다. 예를 들어 자바스크립트에서의 모든 문자열은 String 생성자로부터 prototype 속성과 메서드를 모두 상속받는다. 개발자 콘솔에서 직접 String.prototype을 실행하면 문자열의 모든 내장 속성을 볼 수 있다.

    자바스크립트의 내장 메서드를 재정의overriding하는 것이 위험하다는 생각이 든다면 전적으로 옳다. 예를 들어 toString 메서드는 어떤 객체든 문자열로 변환할 수 있는 이미 준비된 가장 명쾌한 방법이다. 그러나 이 메서드 역시 단 몇 줄만으로 달리 작동하게 재정의할 수 있다.

```
var myObject = {};
var otherObject = {};

myObject.toString();
"[object Object]"
```

```
myObject.toString = function() {
  console.log( "I just broke JavaScript a little." );
};

myObject.toString();
I just broke JavaScript a little.

otherObject.toString();
"[object Object]"
```

보다시피 메서드 재정의는 위험하다. 그러나 더욱 어마무시한 것이 남아 있다.

__proto__ 속성을 사용하면 어떤 객체 유형이든 그 생성자의 프로토타입에 접근이 가능하다. __proto__는 똑같은 유형의 모든 객체를 위해 prototype을 참조하는 속성이기 때문이다. 아직 지원하지 않는 브라우저가 일부 있지만 중요하지 않다. 어쨌든 이 속성과 엮이는 일은 없어야 한다. __proto__는 어떤 객체에 대해 작동하는 자바스크립트의 내장 속성을 추가하거나 삭제하거나 완전히 변경할 수 있게 한다. 그리고 그렇게 되면 관련된 모든 객체에 내장된 속성과 메서드도 변경된다.

```
var myObject = {};
var unrelatedObject = {};

myObject.toString();
"[object Object]"

myObject.__proto__.toString = function() {
  console.log( "I just broke JavaScript a LOT." );
};
```

```
myObject.toString();
```
I just broke JavaScript a LOT.

```
unrelatedObject.toString(); // 엥?
```
I just broke JavaScript a LOT.

보다시피 프로토타입 수준에서 변경하면 단지 `myObject`뿐만 아니라 모든 객체의 `toString` 메서드도 변경되는 것을 알 수 있다. 이처럼 모든 코드를 한눈에 볼 수 있는 투명한 상황에서는 특별히 무서운 일이 발생할 것이라고 예상하지 못할 수도 있다. 그러나 실제 사이트에서 이처럼 자바스크립트의 작동 방식을 조작한다면 실로 엄청난 위험을 감수해야 한다.

그러나 다행히 그런 상황은 보기 힘들 것 같다. 프로토타입을 다룰 정도로 스크립트 작성에 뛰어난 사람이라면 이미 그런 조작을 하면 안 된다는 것쯤은 알고 있을 테니 말이다. 그보다 자주 볼 수 있는 상황은 프로토타입에 무언가를 추가하는 것이다. 어떤 메서드와 속성을 프로토타입에 추가하면 똑같은 유형의 모든 객체에서 사용할 수 있기 때문이다.

생성자의 `prototype` 속성을 직접 변경함으로써 그 유형의 모든 객체에 메서드나 속성을 추가할 수 있는데, 원래 정의되어 있던 속성을 건드리지만 않으면 된다. 그 작동 방식은 누구나 예상하듯이 `String.prototype`에 속성을 추가하면 직접 만든 객체에 속성을 추가한 것과 똑같이 작동한다.

프로토타입에 메서드를 추가하는 것은 그다지 좋은 생각이 아니지만 논의를 위해 어떤 객체에 `name`이라는 키가 존재하는지 자주 확인해야 할 상황이라고 가정해보자. 이론상으로는 `Object` 생성자의 `prototype` 속성에 새 메서드를 추가하면 모든 객체에 메서드를 추가한 것과 마찬가지가 될 것이다. 그러나 여기서는 __proto__를 사용하지 않을 것이다. 객체의 유형 자체를 통해 Object.prototype을 변경하려는 것은 아니기 때문이다.

```
var firstObject = {
  "foo" : false
};
undefined

var secondObject = {
  "name" : "Hawkeye",
  "location" : "Maine"
};
undefined

Object.prototype.containsAName = function() {
  var result = false;
  for( var key in this ) {
    if( key === "name" ) {
      result = true;
    }
  }
  return result;
}
function Object.containsAName()

firstObject.containsAName();
false

secondObject.containsAName();
true
```

일단 프로토타입에 추가된 속성이나 메서드는 그 유형의 모든 인스턴스에서 사용할 수 있다.

이제 방금 코드는 머릿속에서 지우기를 바란다. 이는 name 키의 포함 여부를 확인하기 위한 것치고는 지나친 방법이다. 단순한 일을 위해 이상한 방법을 사용한 것 말고도 여기에는 의도하지 않은 부작용이 하나 있다. 객체의 내장 속성들은 원래 **열거형**enumerable이 아니다. 즉 for...in과 같은 루프를 사용해 객체 속성에 접근할 때 내장 속성은 보이지 않는다는 의미다. 그러나 프로토타입에 새로운 속성을 추가하면 그 속성은 열거형으로 생성된다.

```
Object.prototype.containsAName = function() {
  var result = false;
  for( var key in this ) {
    if( key === "name" ) {
      result = true;
    }
  }
  return result;
}
function Object.containsAName()

var newObject = { "name": "BJ" };
for( var key in newObject ) {
  console.log( key );
}
name
containsAName
```

이제 for...in 루프가 돌 때마다 containsAName 메서드가 나타날 것이다. 이는 원하는 바가 아니며 프로토타입을 건드리지 않고 놔두어야 하는 충분한 이유가 된다. 프로토타입을 만지작거릴수록 자바스크립트의 내부가 전역 수준에서 변경된다. 프로토타입에 메서드나 속성을 추가하는 일은 스크립트 전체에 걸친 변경으로 인해 페이지가 예상치 못하게 작동할 수 있다.

 이 문제는 다른 측면에서도 살펴보아야 한다. 누군가가 프로토타입을 건드리기 시작하면 코드에는 어떤 일이 벌어질까? 하나의 페이지에는 여러 개발자가 작성한, 또는 외부에서 가져온 스크립트 등이 포함되어 있다. 따라서 예상하지 못한 어떤 열거형 속성이 코드에 영향을 주지 않을 것이라 확신할 수는 없는 노릇이다.

hasOwnProperty

프로토타입과 관련해 이런 것까지 설명한 이유는 두 가지다. 하나는 프로토타입의 존재를 어느 정도 알려주기 위해서다. 우리는 한 배를 탄 동료니까. 다른 하나는 바로 hasOwnProperty라는 메서드를 소개하기 위해서다. 이 메서드는 프로토타입의 예상하지 못한 열거형 속성에서 for...in 루프를 보호할 수 있는 장치다.

```
Object.prototype.containsAName = function() {
  var result = false;
  for( var key in this ) {
    if( key === "name" ) {
      result = true;
    }
  }
  return result;
}
function Object.containsAName()

var mysteryObject = {
  "name" : "Frank"
}

mysteryObject.hasOwnProperty( "name" );
true
```

```
mysteryObject.hasOwnProperty( "containsAName" );
```
false

이는 앞서 우리가 프로토타입을 다루면서 하려고 했던 일과 똑같다. hasOwnProperty는 대상 객체에 특정 속성이 존재하는지 알려주는 메서드다. 그러나 더욱 중요한 것은 hasOwnProperty는 프로토타입을 통해 상속받은 속성에는 적용되지 않는다는 사실이다. 이 속성을 사용하면 잘못된 프로토타입 조작에서 코드를 보호할 수 있다.

```
Object.prototype.customPrototypeMethod = function() {
  console.log( "Hello again." );
};
```
function Object.customPrototypeMethod()

```
var swamp = {
  "bunk1" : "Hawkeye",
  "bunk2" : "BJ",
  "bunk3" : "Frank"
};
```
undefined

```
for( var bunk in swamp ) {
  console.log( swamp[ bunk ] );
}
```
Hawkeye
BJ
Frank
function Object.containsAName()

```
for( var bunk in swamp ) {
  if( swamp.hasOwnProperty( bunk ) ) {
    console.log( swamp[ bunk ] );
```

```
    }
  }
  Hawkeye
  BJ
  Frank
```

hasOwnProperty를 사용하면 프로토타입에 어떤 추가가 있었더라도 for...in 루프 결과에는 영향을 줄 수 없을 것이다. 어쨌든 우리는 웹사이트의 모든 코드를 통제한다고 장담할 수 없으며, 다른 개발자가 생성자의 프로토타입을 조작했는지도 확신할 수 없기 때문이다.

while

프로토타입과의 짧은 여행을 마치고 이제 while 루프의 문법으로 기분 전환을 해보자. 다른 문법과 마찬가지로 이 루프의 문법도 while 키워드, 한 쌍의 괄호, 한 쌍의 중괄호로 이루어진다. 괄호 안에 넣을 내용은 오직 조건 하나뿐이다. 그리고 while이라는 키워드가 암시하듯이 괄호 안의 조건이 *true*인 동안은 계속해서 루프를 순환한다.

```
  var i = 0;
  while( i < 3 ) {
    console.log( "Loop." );
    i++;
  }
  (3) Loop.
```

앞의 코드는 우리가 for 루프로 처음 작성했던 내용과 똑같은 또 다른 방법이다. 괄호 안에 초기화, 조건, 마지막 표현식을 넣는 대신 카운터 변수는 루프 이전에 만들고 카운터를 증가시키는 코드는 루프 안에 넣었다.

이런 용도로 while을 사용하는 경우는 흔치 않다. 이런 용도라면 어쨌든 for를 사용하는 것이 훨씬 더 간결하기 때문이다. while은 이터레이션의 횟수를 알 수 없으며 특정 조건이 충족하는 한 계속 루프를 돌리고 싶은 경우에 더 적당하다. 예를 들어 다음은 0부터 9까지의 무작위 숫자를 지속적으로 생성시키며 그 숫자가 3일 경우에만 루프를 멈추는 코드다.

```
var random = Math.floor( Math.random() * 10 );

while( random !== 3 ){
    console.log( "Nope, not " + random );
    var random = Math.floor( Math.random() * 10 );
}
console.log( "Got it!" );
```
Nope, not 5
Nope, not 9
Nope, not 2
Got it!

이 코드를 다시 실행해보면 while 루프 다음에 있는 console.log에 도달하기 전까지 그때마다 다른 횟수로 루프를 도는 것을 확인할 수 있다. 오직 random이 3일 경우에만 루프가 더 이상 실행되지 않는다.

do...while

do...while 루프는 대체로 while 루프와 목적이 똑같다. 즉 주어진 조건이 true인 동안에는 몇 번이고 필요한 만큼 반복이 수행된다. 그러나 문법은 살짝 다르다. 사실 그동안 살펴보았던 다른 조건문들의 로직에 비해 do...while은 다소 역행하는 것으로 보이기도 한다. 먼저 do 키워드로 시작하고, 괄호도 없고 조건도 없이 곧바로 한 쌍의 중괄호가 온다. 중괄호 안에는 반복 코드가 들어가고 중괄호가 끝난 후에 while 키워드와 한 쌍의 괄호가 위치한다. 물론 괄호 안에 조건이 들어가며 그 조건이 true인 동안 루프는 계속 실행된다.

```
var i = 0;

do {
  console.log( "Loop." );
  i++;
} while (i < 3);
(3) Loop.
```

do...while 루프와 보통의 while 루프 사이에는 다른 점이 하나 있다. while 루프는 루프가 한 번도 실행되지 않을 수 있는 반면, do...while 루프는 최소한 한 번 이상은 루프가 실행된다.

do...while 루프는 먼저 조건을 평가한 다음에 코드의 실행 여부를 결정하는 것이 아니라 코드를 먼저 실행한 다음에 조건을 평가한다. 앞서 while 루프의 예제를 다음과 같이 do...while로 바꿔서 실행하면 random이 3인 경우의 루프도 실행됨을 알 수 있다.

```
do {
  var random = Math.floor( Math.random() * 10 );
  console.log( "Is it... " + random + "?" );
} while( random !== 3 );
console.log( "Got it!" );
Is it... 7?
Is it... 9?
Is it... 6?
Is it... 3?
Got it!
```

이렇게 함으로써 루프 이전에 난수를 발생시켰는데 루프 안에서도 또다시 난수를 발생시킬 필요가 없어졌다. 조건을 평가하기 전에 항상 먼저 중괄호 안의 코드가 실행되므로 처음부터 난수를 발생시킬 수 있으며 각 루프가 돌 때마다 역시 같은 코드가 실행되기 때문이다. 또한 `random`의 값이 무엇이었는지 조건을 평가하기 전에 콘솔에 찍어볼 수 있었다. 조건이 일치하면 루프는 멈추고 그 다음 코드로 진행된다.

continue와 break

이터레이션과 그 종료를 다루는 모든 루프 문법은 루프를 중단시킬 수 있는 어떤 형태의 조건을 받아들인다. 그러나 `continue`와 `break`라는 키워드를 사용하면 더욱 정교하게 루프를 제어할 수 있다.

이 두 키워드의 사용 방법을 알아보기 위해 다음과 같이 0부터 4까지의 수를 세는 `for` 루프 예제를 살펴보자.

```
for( var i = 0; i < 5; i++ ) {
  console.log( i );
}
0
1
2
3
4
```

continue는 그 이후의 어떤 코드도 실행하지 않고 곧바로 다음 차례의 이터레이션으로 건너뛰게 해준다.

```
for( var i = 0; i < 5; i++ ) {
  if( i === 2 ) {
    continue;
  }
  console.log( i );
}
0
1
3
4
```

보다시피 이 코드는 세 번째 console.log를 건너뛴다. 즉 i가 2인 경우에 해당하는 세 번째 이터레이션을 건너뛴다는 의미다. 0부터 카운트를 시작하기 때문이다. 따라서 콘솔에서 숫자 2는 결코 볼 수 없을 것이다.

개인적으로 break는 프로그래밍을 배우기 시작한 후 가장 만족했던 키워드다. break는 단지 지금의 이터레이션뿐 아니라 루프문 전체를 중단시킨다. 즉 루프문을 아예 빠져나오게 하는 키워드다.

```
for( var i = 0; i < 5; i++ ) {
  if( i === 2 ) {
    break;
  }
  console.log( i );
}
0
1
```

자바스크립트는 break를 만나면 루프 자체가 갖고 있는 종료 조건이 충족된 상황과 마찬가지로 작동한다. 즉 루프 자체를 완전히 중단시킨다. 따라서 루프의 괄호 안에 조건을 넣지 않고, 즉 기본적으로는 영원히 이터레이션을 하게 만들고 특정 조건에서만 break를 거는 방식으로 루프를 제어할 수 있다.

```
var concatString = "a";
while( true ) {
  concatString = concatString + "a";

  if( concatString.length === 5 ) {
    break;
  }
  console.log( concatString );
}
aa
aaa
aaaa
```

true를 평가하면 그대로 true이므로 루프를 멈출 조건이 될 가능성은 없다. 따라서 루프는 영원히 돌게 되어 있지만, 문자열의 길이가 5가 될 경우에는 break를 걸어서 루프를 빠져나가게 된다.

무한 루프

우리는 모든 언어의 개발자에게 매우 까다로운 주제인 무한 루프 infinite loop라는 벼랑 끝에 있다. while의 조건으로 true라는 키워드를 넣으면 어떻게 될까? 아니면 0부터 1씩 증가시키는 for 루프에서 i가 -1일 때에만 중단하라는 조건을 지정하면 어떻게 될까? 방금 무한 루프에 빠졌다. 주의!

최근 일부 브라우저는 무한 루프에 빠졌을 경우 스크립트를 취소하는 옵션을 제시하기도 한다. 하지만 항상 그런 것은 아니며 모든 브라우저가 그런 기능을 제공하는 것도 아니다. 대부분의 경우 무한 루프는 브라우저를 다운시킨다.

무한 루프는 누구에게나 일어날 수 있으며 운영 웹사이트를 망가뜨리는 코드만 아니라면 심각한 손해가 발생하지는 않는다. 보통은 브라우저를 닫고 재시작하면 업무를 계속 진행할 수 있다. 그렇다 하더라도 스크립트를 실행하기 전에 혹시나 무한 루프의 가능성이 있는지 미리 점검하는 것이 좋다.

종합하기

지금까지 여러 주제를 다루었다. 자바스크립트로 데이터, 로직, 루프를 다루는 방법에 대한 감을 잡았으므로 모든 것을 종합해 개발자 콘솔에서 끄적이는 것이 아니라 더 유용한 무언가를 만들 수 있을 것이다. 이제 스크립트가 원래 있어야 할 곳, 즉 실제 웹 페이지 내용에 스크립트를 작성해 넣을 시간이다.

DOM 스크립트

웹 페이지 관련 작업을 하기 전에 이 책 초반에서 언급했던 사항인 문서 객체 모델DOM을 다시 논의해보자. DOM의 목적은 두 가지다. 하나는 페이지의 모든 요소를 담은 지도를 자바스크립트에 제시하는 것이며, 또 하나는 요소와 그 속성 및 콘텐츠에 접근할 수 있는 수단을 제공하는 것이다.

'객체'라는 말은 DOM이 처음 생겼을 때보다 요즘에 더 많이 중요해졌다. DOM은 객체 형태로 웹 페이지를 대변하며 DOM을 이루는 속성은 웹 문서의 자식 요소 각각을, 그리고 그 속성의 하위 속성은 그 요소의 자식 요소를 각각 나타낸다. 따라서 한없이 아래 계층으로 내려가도 모두 객체다.

window – 전역 컨텍스트

자바스크립트로 하는 모든 작업은 window라는 하나의 객체 범위 안에 속한다. 누구나 예상하듯이 window 객체는 전체 브라우저 창을 대변한다. window는 DOM 전체를 포함하고 있으며 조금 까다롭겠지만 자바스크립트 전체도 포함한다.

이 책에서 변수의 범위에 대해 살펴볼 때 '전역'과 '지역' 범위의 개념도 함께 다루었다. 변수를 스크립트 어디서든 쓸 수 있는지, 아니면 자신이 포함된 함수 안에서만 쓸 수 있는지 말이다.

window 객체는 전역 변수와 같다. 자바스크립트로 구현되는 모든 함수와 메서드는 window 객체에 장착된다. 물론 window를 직접 참조할 일은 거의 없으며 많이 볼 일도 없을 것이다. window는 전역 변수이므로 자바스크립트는 우리가 정의하는 모든 변수는 window에서 확인한다. 우리가 좋아하는 console 객체도 사실은 window 객체에 속해 있다.

```
window.console.log
function log() { [native code] }
```

변수의 전역 범위와 지역 범위를 예상하기는 어렵지만 window에 대해 알고 나면 훨씬 이해하기 쉽다. 전역 범위의 변수 하나를 만드는 것은 곧 window의 속성 하나를 만드는 것과 같다. 그 변수의 속성이나 메서드에 접근할 때 명시적으로 window라는 이름을 참조하지 않아도 되는데, 스크립트의 어디에서든 식별자만으로 변수를 호출할 수 있기 때문이다. 식별자에 관해 우리가 실제로 하는 것은 다음과 같다.

```
function ourFunction() {
  var localVar = "I'm local.";
  globalVar = "I'm global.";

  return "I'm global too!";
};
```
undefined

```
window.ourFunction();
```
I'm global too!

```
window.localVar;
```
undefined

```
window.globalVar;
```
I'm global.

페이지 전체를 대변하는 DOM 역시 `window`의 속성 중 하나인 `window.document`다. 개발자 콘솔에 `window.document`를 실행하면 현재 페이지를 구성하는 모든 마크업을 문자열로 볼 수 있다. 이와 마찬가지로 페이지를 구성하는 어떤 것이라도 `window.document`의 하위 속성으로서 접근할 수 있다. `document` 속성에 접근할 때 `window`를 명시하지 않아도 된다는 사실을 기억하기 바란다. 어쨌든 `window`는 유일한 존재이기 때문이다.

```
document.head
```
<head>...</head>

```
document.body
```
<body>...</body>

이 두 속성은 그 자체로 객체이고 그 안에 객체로 된 속성을 다

5장 DOM 스크립트

시 포함하며 DOM 트리를 만들 수 있다. 다시 말하지만 '모든 것은 객체이거나 객체의 일종'이다.

DOM의 사용

window.document 안의 객체들은 자바스크립트용 웹 문서 지도를 구성하지만 다른 보통의 객체에 접근하듯이 DOM 노드에 직접 접근해야 하는 경우를 제외하면 그다지 유용하지 않다. document 객체를 수작업으로 하는 일은 엄청난 두통을 안겨줄 것이며, 또한 마크업이 변경되면 스크립트도 즉시 엉망이 될 수 있다.

그러나 window.document가 단지 웹 페이지를 대변만 하는 것은 아니다. 페이지의 각 정보에 접근할 수 있는 편리한 API도 제공한다. 예를 들어 페이지 안의 모든 p 요소를 찾고 싶다면 속성 키를 직접 뒤지는 대신 document가 제공하는 도우미 메서드를 사용할 수 있다. 이 메서드는 찾고자 하는 모든 요소를 모아 배열로 반환한다. 아무 사이트나 열고 개발자 콘솔에서 다음과 같이 실행해보자.

```
document.getElementsByTagName( "p" );
[<p>...</p>, <p>...</p>, <p>...</p>, <p>...</p>]
```

익숙한 데이터 유형을 다루고 있으므로 그에 대한 사용 방법을 이미 잘 알고 있다.

```
var paragraphs = document.getElementsByTagName( "p" );
undefined

paragraphs.length
4
```

```
paragraphs[ 0 ];
<p>...</p>
```

그러나 엄밀히 말해서 DOM 메서드는 배열을 되돌려주지 않는
다. `getElementsByTagName`과 같은 유형의 메서드는 '노드 리스트'라
고 하는 배열과 매우 비슷한 자료형을 반환한다. 노드 리스트의 각
아이템은 `p`나 `div`와 같은 DOM의 개별 노드를 참조하며, 더불어
다양한 DOM 전용 메서드들도 함께 딸려온다. 예컨대 `innerHTML`
메서드는 그 노드가 갖고 있는 요소나 텍스트 등의 모든 마크업을
문자열로 반환한다.

```
var paragraphs = document.getElementsByTagName( "p" ),
    lastIndex = paragraphs.length - 1, /* 'paragraphs'
    노드 리스트의 길이에서 1을 뺀 숫자를 사용함으로써(제로베이스
    인덱스이므로) 페이지의 마지막 단락을 얻을 수 있다. */
    lastParagraph = paragraphs[ lastIndex ];

lastParagraph.innerHTML;
And that's how I spent my summer vacation.
```

렌더링된 페이지 정보에 접근할 때와 똑같은 방법으로 정보의
변경도 가능하다. 예컨대 일반적인 객체의 값을 변경하는 방법과
똑같이 `innerHTML` 속성에 등호(=)를 사용해 값을 할당할 수 있다.

```
var paragraphs = document.getElementsByTagName( "p" ),
    firstParagraph = paragraphs[ 0 ];
firstParagraph.innerHTML = "Listen up, chumps:";
"Listen up, chumps:"
```

자바스크립트의 DOM 지도는 양방향으로 작동한다. 어떤 마크

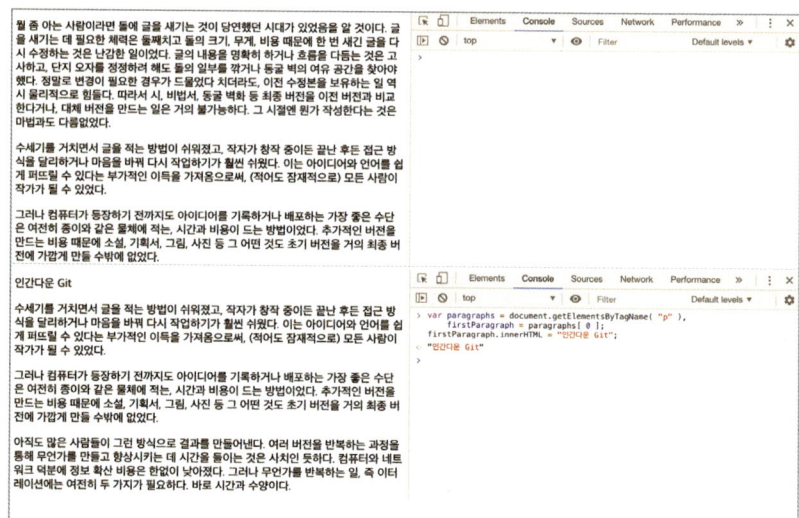

그림 5.1 초안 작성은 늘 힘들다.

업이라도 변경되면 document가 갱신되며 document 안의 어떤 것이라도 변경되면 마크업이 갱신된다(그림 5.1).

또한 DOM API는 요소를 생성, 추가, 제거할 수 있는 다양한 메서드를 제공한다. 그 메서드의 이름은 모두 평이한 영어다. 조금 길어 보이는 경우도 있으나 그 역시 최대한 줄인 결과다.

DOM 스크립트

지금부터 개발자 콘솔은 잠시 제쳐두자. 오래전에 외부 스크립트를 넣기 위한 기본적인 HTML 템플릿을 작성해본 적이 있는데, 이제 그 작업을 다시 할 것이다. 지금껏 자바스크립트 지식을 쌓으면서 앵무새처럼 따라하는 개발자 콘솔만으로 작업했지만 이제는 무언가 실제로 만들어볼 것이다.

우리는 인덱스 페이지에 '컷^{cut}' 하나를 추가할 것이다. 그 컷은 일종의 티저 단락인데 단락 바로 다음에는 전체 텍스트를 나다내는 링크를 추가할 것이다. 난, 전체 텍스트가 있는 다른 페이지로의 이동이 아니라 똑같은 페이지에서 자바스크립트를 사용해 전체 텍스트가 보이게 할 것이다.

먼저 외부 스타일시트와 스크립트 파일을 사용할 수 있는 HTML 문서를 준비하자. 아직 아무것도 없는 스타일시트와 스크립트 파일의 확장자는 .css와 .js다. 여기서는 이 두 파일을 각각 /css와 /js라는 서브디렉터리에 넣어두지만 각자 편한 곳에 두면 된다.

```html
<!DOCTYPE html>
<html>
  <head>
    <meta charset="utf-8">
    <link rel="stylesheet" type="text/css"
      href="css/style.css">
  </head>
  <body>

    <script src="js/script.js"></script>
  </body>
</html>
```

이 페이지에는 텍스트로 된 단락 여러 개를 채울 예정이다. 콘텐츠 전략가에게는 미안한 말이지만 일단 주변에서 찾을 수 있는 아무 텍스트라도 사용하면 된다. 또는 전통적인 로렘 입숨^{lorem ipsum}, 즉 디자인이나 레이아웃 확인을 위해 채우는 용도의 텍스트를 사용해도 된다. 이 예제에서는 《인간다운 Git》의 내용 일부를 사용했다.

```html
<!DOCTYPE html>
<html>
  <head>
    <meta charset="utf-8">
    <link rel="stylesheet" type="text/css"
      href="css/style.css">
  </head>
  <body>
    <h1>인간다운 Git</h1>

    <p>뭘 좀 아는 사람이라면 돌에 글을 새기는 것이 당연했던
    시대가 있었음을 알 것이다. 글을 새기는 데 필요한 체
    력은 둘째치고 돌의 크기, 무게, 비용 때문에 한 번 새
    긴 글을 다시 수정하는 건 난감한 일이었다. 글의 내용
    을 명확히 하거나 흐름을 다듬는 것은 고사하고, 단지
    오자를 정정하려 해도 돌의 일부를 깎거나 동굴 벽의 여
    유 공간을 찾아야 했다. 정말로 변경이 필요한 경우가
    드물었다 치더라도, 이전 수정본을 보유하는 일 역시 물
    리적으로 힘들다. 따라서 시, 비법서, 동굴 벽화 등 최
    종 버전을 이전 버전과 비교한다거나, 그 대체 버전을
    만드는 일은 거의 불가능하다. 그 시절엔 뭔가 작성한다
    는 것은 마법과도 다름없었다.</p>

    <p>수세기를 거치면서 글을 적는 방법이 쉬워졌고, 작가가
    창작 중이든 끝난 후든 접근 방식을 달리하거나 마음을
    바꿔 다시 작업하기가 훨씬 쉬웠다. 이는 아이디어와 언
    어를 쉽게 퍼뜨릴 수 있다는 부가적인 이득을 가져옴으
    로써, (적어도 잠재적으로) 모든 사람이 작가가 될 수
    있었다.</p>

    [ ... ]

    <script src="js/script.js"></script>
  </body>
</html>
```

스타일시트를 열어 글자를 꾸며도 좋다. 다만 너무 산만하게 하지는 말기 바란다. 약간의 CSS 작업을 할 예정이니 지금은 스크립트 작업을 먼저 해보자.

이 스크립트에서는 해야 할 작업을 몇 가지로 나눌 수 있다. 하나는 첫 번째 단락 다음에 '더 보기' 링크를 추가하는 일이며, 다른 하나는 첫 번째 단락을 제외한 모든 p 요소를 숨기는 일이다. 마지막 하나는 사용자가 '더 보기'를 클릭하면 숨겼던 요소를 다시 보여주는 일이다.

먼저 첫 번째 단락 다음에 '더 보기' 링크를 추가하는 작업부터 하자. script.js 파일을 열고 다음과 같이 작성해보자.

```
var newLink = document.createElement( "a" );
```

먼저 `newLink` 변수를 초기화했다. `document.createElement( "a" )`는 말 그대로 a라는 요소를 생성하라는 뜻이다. 이 요소는 아직 어디에도 존재하지 않으므로 화면에 실제로 나타나게 하려면 수작업으로 페이지에 추가해야 한다. 지금은 일단 아무런 속성이나 콘텐츠가 없는 `<a></a>`가 알맞아 보인다. 이를 페이지에 추가하기 전에 여기에 어떤 정보든 채워놓자.

물론 이 작업은 DOM에 링크를 추가한 이후에 할 테지만 페이지의 요소를 여러 번 수정하는 것은 무모한 일이다. 요소에 대한 모든 작업을 완료한 후에 페이지에 한 번에 추가하는 것이 코드 예측성을 유지하는 데 훨씬 도움이 된다.

가급적 DOM을 단일 경로로 탐색할 수 있게 만드는 것이 성능에도 좋다. 그러나 성능과 관련된 미시적 최적화(micro-optimization)는 집착에 빠지기 쉬운 분야다. 누구나 알듯이 자바스크립트는 같은 일을 여러 방법으로 할 수 있게 하는데, 한 방법이 다른 방법보다 기술적으로 더 나은 성능을 발휘하기도 한다. 이는 결국 '쓸데없이 최적화된' 코드를 낳는다. 이는 작성한 사람이 직접 설명해야 하는 복잡한 코드를 말하며, 단지 끔찍하게 소중한 몇 피코 초^{picosecond}(1조분의 1초)의 로딩 타임을 줄이는 정도의 의미만 있을 뿐이다. 바로 내가 그랬다. 그리고 지금도 여전히 그런 내 자신을 발견하기도 한다. 여러분은 그러지 말기를 바란다. DOM 탐색을 가급적 적게 하는 습관은 성능의 관점에서도 좋지만 더 중요한 이유는 코드의 가독성과 예측성을 높이기 때문이다. 정말로 필요할 때만 DOM을 탐색하게 함으로써 반복되는 작업을 줄일 수 있다. 또한 미래의 담당자에게 DOM과의 인터랙션 지점을 더욱 분명하게 만들어줄 수 있다.

이제 웹 문서와는 완전히 독립적인, 자바스크립트 안에서 아무 속성도 없이 존재하는 `<a></a>`로 다시 돌아가보자.

이 링크를 더 유용하게 만들 수 있는 DOM 인터페이스들을 사용해보자. 하나는 링크에 속성을 부여할 수 있는 `setAttribute`이며, 또 하나는 링크의 내용을 텍스트로 채울 수 있는 `innerHTML`이다. 단, 이 둘의 문법은 조금 다르다. `innerHTML`은 일반적인 객체에 값을 할당할 때와 똑같은 방법으로 값을 할당한다. 그에 반해 `setAttribute`는 두 개의 인자를 받는다. 하나는 속성의 이름이며, 또 하나는 그 속성에 할당하고자 하는 값이다. 이 예제에서는 링크를 통해 다른 페이지로 이동하려는 의도가 없으므로 단순히 `href`에 해시(#)를 부여하면 된다. 이는 현재 페이지에 대한 링크라는 뜻이다.

```
var newLink = document.createElement( "a" );

newLink.setAttribute( "href", "#" );
newLink.innerHTML = "더 보기";
```

보다시피 여기서는 document 자체가 아닌 요소의 참조에 대해 인터페이스를 사용하고 있다. 모든 DOM 노드에서 이 같은 메서드를 사용할 수 있다. 반면에 웹 문서의 모든 단락 요소를 가져오기 원한다면 document.getElementsByTagName("p")와 같이 document 의 인터페이스를 사용하면 된다. 만약 특정 div 안에 있는 단락 요소만 가져오고 싶다면 ourSpecificDiv.getElementsByTagName("p") 와 같은 방법을 사용하면 된다. 여기서는 우리가 만든 링크에 href 속성과 HTML 콘텐츠를 추가하기 위해 newLink.setAttribute와 newLink.innerHTML을 사용했다.

그다음에는 이 링크를 첫 번째 단락 다음에 붙일 것이므로 첫 번째 단락의 참조를 먼저 얻어와야 한다. 이미 알고 있듯이 document. getElementsByTagName("p")를 사용하면 페이지의 모든 단락에 해당하는 노드 리스트를 가져올 수 있다. 노드 리스트는 배열과 비슷하므로 첫 번째 아이템을 참조할 때에는 인덱스 0을 사용하면 된다.

```
var newLink = document.createElement( "a" );
var allParagraphs = document.getElementsByTagName(
  "p" );
var firstParagraph = allParagraphs[ 0 ];

newLink.setAttribute( "href", "#" );
newLink.innerHTML = "더 보기";
```

코드의 가독성을 유지하기 위해 변수의 초기화 코드는 스크립트 상단에 모아놓는 것이 좋다. 나중에 값을 할당할 예정이므로 우선은 undefined, 즉 값을 주지 않고 초기화하더라도 말이다. 이렇게 해야 스크립트에서 사용할 모든 식별자를 한눈에 보기 쉽다.

이로써 첫 번째 단락 끝에 링크를 덧붙이는 데 필요한 모든 것,

즉 newLink 요소와 그 대상인 firstParagraph 요소를 모두 갖추었다.

모든 DOM 노드가 갖고 있는 내장 메서드 중 하나인 append-Child는 그 이름에서 알 수 있듯이 현재 DOM 노드에 자식 요소를 추가해준다. 첫 번째 단락의 참조에 newLink를 인자로 넘겨 appendChild 메서드를 호출해보자.

```
var newLink = document.createElement( "a" );
var allParagraphs = document.getElementsByTagName(
    "p" );
var firstParagraph = allParagraphs[ 0 ];

newLink.setAttribute( "href", "#" );
newLink.innerHTML = "더 보기";

firstParagraph.appendChild( newLink );
```

마침내 페이지를 새로고침하면 주목할 수 있는 무언가가 생겼다. 지금까지 모든 것이 계획대로 되었다면 첫 번째 단락 끝에 '더 보기' 링크가 보여야 한다. 세미콜론을 잘못 넣었거나 괄호의 쌍이 맞지 않는 등의 어떤 이유로든 문제가 있다면 개발자 콘솔이 이를 해결할 수 있게 도와줄 것이다. 그러므로 개발자 콘솔을 항상 열어놓기를 바란다.

그럴듯하지만 조금 부족해 보인다. '더 보기' 링크가 단락과 충돌할 것처럼 붙어 있는 이유는 링크의 기본 스타일이 display: inline이기 때문이다(그림 5.2).

이를 해결하기 위한 몇 가지 방법이 있다. 여기서는 모든 문법을 다 다루지 않겠지만 DOM은 요소의 스타일 정보에 접근할 수 있는 방법을 제공한다. 비록 가장 기본적인 형태지만 이를 통해 style 속성과 관련된 스타일 정보를 읽거나 변경할 수 있다. 어떻게

> 뭘 좀 아는 사람이라면 돌에 글을 새기는 것이 당연했던 시대가 있었음을 알 것이다. 글을 새기는 데 필요한 체력은 둘째치고 돌의 크기, 무게, 비용 때문에 한 번 새긴 글을 다시 수정하는 것은 난감한 일이었다. 글의 내용을 명확히 하거나 흐름을 다듬는 것은 고사하고, 단지 오자를 정정하려 해도 돌의 일부를 깎거나 동굴 벽의 여유 공간을 찾아야 했다. 정말로 변경이 필요한 경우가 드물었다 치더라도, 이전 수정본을 보유하는 일 역시 물리적으로 힘들다. 따라서 시, 비법서, 동굴 벽화 등 최종 버전을 이전 버전과 비교하다거나, 대체 버전을 만드는 일은 거의 불가능하다. 그 시절엔 뭔가 작성한다는 것은 마법과도 다름없었다.더 보기
>
> 수세기를 거치면서 글을 적는 방법이 쉬워졌고, 작자가 창작 중이든 끝난 후든 접근 방식을 달리하거나 마음을 바꿔 다시 작업하기가 훨씬 쉬웠다. 이는 아이디어와 언어를 쉽게 퍼뜨릴 수 있다는 부가적인 이득을 기저음으로써, (적어도 잠재적으로) 모든 사람이 작가가 될 수 있었다.

그림 5.2 이제 시작이다.

작동하는지 직접 살펴보기 위해 링크 스타일을 display: inline-block으로 변경하고 링크 왼쪽에 약간의 여백^{margin}을 주어 텍스트와 충돌하지 않게 만들어보자.

```
var newLink = document.createElement( "a" );
var allParagraphs = document.getElementsByTagName(
  "p" );
var firstParagraph = allParagraphs[ 0 ];

newLink.setAttribute( "href", "#" );
newLink.innerHTML = "더 보기";
newLink.style.display = "inline-block";
newLink.style.marginLeft = "10px";

firstParagraph.appendChild( newLink );
```

브라우저로 확인해보면 추가한 코드가 제대로 작동했음을 알 수 있다(그림 5.3). 그러나 몇 가지 짚어봐야 할 사항이 남았다. 먼저 문법과 관련된 이야기부터 해보자.

식별자는 하이픈(-)을 포함할 수 없으며 모든 것은 객체이므로 DOM 역시 스타일을 객체로서 참조한다. 그런데 CSS의 속성은 낙타 표기법 대신 하이픈을 가질 수 있다. 따라서 margin-left는

5장 DOM 스크립트   **131**

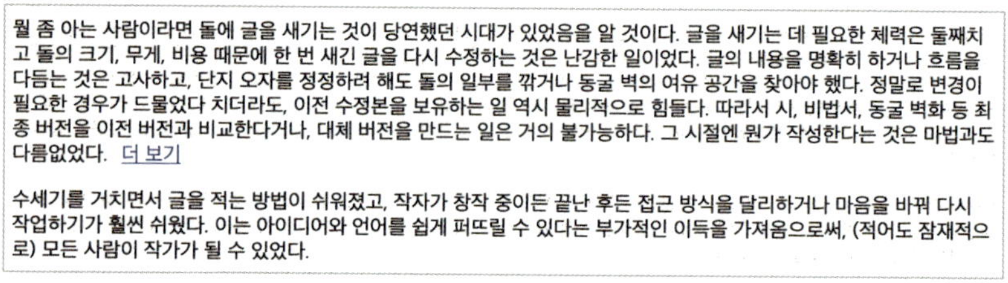

월 좀 아는 사람이라면 돌에 글을 새기는 것이 당연했던 시대가 있었음을 알 것이다. 글을 새기는 데 필요한 체력은 둘째치고 돌의 크기, 무게, 비용 때문에 한 번 새긴 글을 다시 수정하는 것은 난감한 일이었다. 글의 내용을 명확히 하거나 흐름을 다듬는 것은 고사하고, 단지 오자를 정정하려 해도 돌의 일부를 깎거나 동굴 벽의 여유 공간을 찾아야 했다. 정말로 변경이 필요한 경우가 드물었다 치더라도, 이전 수정본을 보유하는 일 역시 물리적으로 힘들다. 따라서 시, 비법서, 동굴 벽화 등 최종 버전을 이전 버전과 비교한다거나, 대체 버전을 만드는 일은 거의 불가능하다. 그 시절엔 뭐가 작성한다는 것은 마법과도 다름없었다. 더 보기

수세기를 거치면서 글을 적는 방법이 쉬워졌고, 작가가 창작 중이든 끝난 후든 접근 방식을 달리하거나 마음을 바꿔 다시 작업하기가 훨씬 쉬웠다. 이는 아이디어와 언어를 쉽게 퍼뜨릴 수 있다는 부가적인 이득을 가져옴으로써, (적어도 잠재적으로) 모든 사람이 작가가 될 수 있었다.

그림 5.3 이제 좀 이야기가 된다.

marginLeft로, border-radius-top-left는 borderRadiusTopLeft가 된다. 속성에 부여하는 값은 문자열이므로 거기에는 하이픈이 있어도 괜찮다. 조금 어색할 수 있지만 기억해야 할 것이 하나 있다. 반드시 필요하다면 자바스크립트에서 스타일 작업을 해도 된다는 것이다. 이는 충분히 관리할 수 있다.

그러나 자바스크립트에서 스타일 작업을 지양해야 하는 이유는 행위behavior와 표현presentaion을 분리해 관리하기 위해서다. 자바스크립트가 '행위' 계층이듯 CSS는 '표현' 계층이며 이 둘은 거의 겹치지 않는다. 페이지의 스타일 변경이 함수와 변수의 줄을 파헤치는 것을 의미하면 안 되므로 마크업 안에 스타일을 파묻기를 원하지는 않을 것이다. 한 사이트의 스타일을 담당하는 사람은 아마도 자바스크립트를 다루는 일에는 완전히 익숙하지 않을 수 있다. 또한 자바스크립트에서 스타일 변경이란 style 속성을 통한 간접적인 스타일 변경을 의미하므로 스크립트에서 작업한 내용은 기본적으로 스타일시트의 내용을 덮어쓴다.

행위와 표현이라는 두 관심사의 분리separation of conerns는 setAttribute를 다시 한 번 사용해 링크에 클래스를 부여함으로써 가능하다. 따라서 스타일을 설정했던 기존의 두 줄은 삭제하고 다음과 같이 링크에 클래스를 추가하는 코드를 넣어보자.

> 뭘 좀 아는 사람이라면 돌에 글을 새기는 것이 당연했던 시대가 있었음을 알 것이다. 글을 새기는 데 필요한 체력은 둘째치고 돌의 크기, 무게, 비용 때문에 한 번 새긴 글을 다시 수정하는 것은 난감한 일이었다. 글의 내용을 명확히 하거나 흐름을 다듬는 것은 고사하고, 단지 오자를 정정하려 해도 돌의 일부를 깎거나 동굴 벽의 여유 공간을 찾아야 했다. 정말로 변경이 필요한 경우가 드물었다 치더라도, 이전 수정본을 보유하는 일 역시 물리적으로 힘들다. 따라서 시, 비법서, 동굴 벽화 등 최종 버전을 이전 버전과 비교한다거나, 대체 버전을 만드는 일은 거의 불가능하다. 그 시절엔 뭔가 작성한다는 것은 마법과도 다름없었다. 더 보기
>
> 수세기를 거치면서 글을 적는 방법이 쉬워졌고, 작자가 창작 중이든 끝난 후든 접근 방식을 달리하거나 마음을 바꿔 다시 작업하기가 훨씬 쉬웠다. 이는 아이디어와 언어를 쉽게 퍼뜨릴 수 있다는 부가적인 이득을 가져옴으로써, (적어도 잠재적으로) 모든 사람이 작가가 될 수 있었다.

그림 5.4 겉보기에는 변함없어 보인다. 그러나 CSS와 자바스크립트가 각각 표현과 행위를 결정한다는 원칙을 지킨 코드다.

```
var newLink = document.createElement( "a" );
var allParagraphs = document.getElementsByTagName(
  "p" );
var firstParagraph = allParagraphs[ 0 ];

newLink.setAttribute( "href", "#" );
newLink.setAttribute( "class", "more-link" );
newLink.innerHTML = "더 보기";

firstParagraph.appendChild( newLink );
```

스타일시트에는 다음과 같은 .more-link 스타일을 추가한다.

```
.more-link {
  display: inline-block;
  margin-left: 10px;
}
```

훨씬 낫다(그림 5.4). 그런데 나중을 위해 기억해야 할 사항이 하나 있다. 이 같은 방식으로 DOM 노드에 setAttribute를 사용해 클래스를 적용하는 것은 그 요소에 이미 적용되어 있는 클래스를 덮어쓴다는 점이다. 그러나 요소 자체를 처음 추가하는 상황이라

면 그런 문제는 없다.

이제 우리의 할 일 목록에 있는 두 번째 아이템으로 넘어갈 차례다. 바로 다른 모든 단락을 숨기는 일이다.

앞서 자바스크립트와 스타일시트의 코드를 변경했으므로 페이지를 새로고침해 예상대로 잘 작동하는지 확인하기 바란다. 그렇지 않고 버그가 있는 상태에서 계속 진행한다면 결국에는 작업했던 모든 사항을 처음부터 다시 살펴봐야 하기 때문이다. 모든 것이 계획대로 잘 되었다면 새로고침한 다음 페이지가 이전과 똑같이 보여야 한다.

이미 페이지에 있는 모든 단락의 리스트는 갖고 있으므로 이제 각각에 대해 작업을 해야 한다. 이때 루프가 필요하다. 배열과 비슷한 노드 리스트에 이터레이션을 수행해야 하므로 정확히 for 루프가 필요하다. 진행하기에 앞서 루프가 제대로 작동하는지 확인하기 위해 각 단락에 대한 로그를 콘솔에 찍어보자.

```
var newLink = document.createElement( "a" );
var allParagraphs = document.getElementsByTagName(
    "p" );
var firstParagraph = allParagraphs[ 0 ];

newLink.setAttribute( "href", "#" );
newLink.setAttribute( "class", "more-link" );
newLink.innerHTML = "더 보기";

for( var i = 0; i < allParagraphs.length; i++ ) {
   console.log( allParagraphs[ i ] );
}

firstParagraph.appendChild( newLink );
```

```
                                                                    script.js:10
▼<p>
    "필 좀 아는 사람이라면 돌에 글을 새기는 것이 당연했던 시대가 있었음을 알 수 있다. 글을 새기는 데 필요한 체력은 둘째치고 돌의 크기, 무
    게, 비용 때문에 한 번 새긴 글을 다시 수정하는 것은 난감한 일이었다. 글의 내용을 명확히 하거나 흐름을 다듬는 것은 고사하고, 단지 오자
    를 정정하려 해도 돌의 일부를 깎거나 늘릴 역의 여유 공간을 찾아야 했다. 정말로 변경이 필요한 경우가 드물었다 치더라도, 이전 수정본을
    보유하는 일 역시 물리적으로 힘들다. 따라서 시, 비법서, 동굴 벽화 등 최종 버전을 이전 버전과 비교한다거나, 대체 버전을 만드는 일은 거
    의 불가능하다. 그 시절엔 뭔가 작성한다는 것은 마법과도 다름없었다."
    <a href="#" class="more-link">더 보기</a>
  </p>
                                                                    script.js:10
▼<p>
    "수세기를 거치면서 글을 적는 방법이 쉬워졌고, 작자가 창작 중이든 끝난 후든 접근 방식을 달리하거나 마음을 바꿔 다시 작업하기가 훨씬 쉬
    웠다. 이는 아이디어와 언어를 쉽게 퍼뜨릴 수 있다는 부가적인 이득을 가져옴으로써, (적어도 잠재적으로) 모든 사람이 작가가 될 수 있었
    다."
  </p>
                                                                    script.js:10
▼<p>
    "그러나 컴퓨터가 등장하기 전까지도 아이디어를 기록하거나 배포하는 가장 좋은 수단은 여전히 종이와 같은 물체에 적는, 시간과 비용이 드는
    방법이었다. 추가적인 버전을 만드는 비용 때문에 소설, 기획서, 그림, 사진 등 그 어떤 것도 초기 버전을 거의 최종 버전에 가깝게 만들 수
    밖에 없었다."
  </p>
                                                                    script.js:10
```

그림 5.5 루프가 예상대로 작동한다.

'더 보기' 링크는 여전히 첫 번째 단락 끝에 놓여 있고 콘솔은 텍스트로 가득 차 있을 것이다(그림 5.5).

이제 `display: none`을 사용해 첫 번째를 제외한 나머지 단락을 숨겨야 할 차례다. 여기에는 선택할 수 있는 두 가지 방법이 있다. 첫째, 앞서 했던 것처럼 각 단락에 클래스를 부여하는 방법이다. 그러나 자바스크립트에서 그런 식의 코드를 만드는 것은 끔찍한 일이다. 둘째, 스크립트에서 직접 숨기기와 보이기를 제어하는 방법이다. 이 경우 스타일시트에 의해 덮어쓰기가 될 여지도 없다. 또한 이때는 DOM에 내장된 스타일 속성을 사용하는 것이 적절하다.

```
var newLink = document.createElement( "a" );
var allParagraphs = document.getElementsByTagName(
    "p" );
var firstParagraph = allParagraphs[ 0 ];

newLink.setAttribute( "href", "#" );
```

```
newLink.setAttribute( "class", "more-link" );
newLink.innerHTML = "더 보기|";

for( var i = 0; i < allParagraphs.length; i++ ) {
  allParagraphs[ i ].style.display = "none";
}

firstParagraph.appendChild( newLink );
```

페이지를 새로고침하면 모든 것이 사라졌음을 알 수 있다. 자바 스크립트는 루프를 순환하며 단락을 감추었기 때문이다. 그런데 사실 첫 번째 단락은 남겨놓아야 한다. 이는 조건과 관련된 로직, if문이 필요하다는 뜻이다. 변수 i는 첫 번째 단락을 확인할 수 있는 쉬운 수단이다.

```
var newLink = document.createElement( "a" );
var allParagraphs = document.getElementsByTagName(
  "p" );
var firstParagraph = allParagraphs[ 0 ];
newLink.setAttribute( "href", "#" );
newLink.setAttribute( "class", "more-link" );
newLink.innerHTML = "더 보기|";

for( var i = 0; i < allParagraphs.length; i++ ) {

  if( i === 0 ) {
    continue;
  }
  allParagraphs[ i ].style.display = "none";
}

firstParagraph.appendChild( newLink );
```

첫 번째 이터레이션에서 continue 키워드는 남은 코드를 건너뛰고, break의 경우와는 달리 다음 이터레이션으로 계속 진행한다.

이제 페이지를 새로고침하면 첫 번째 단락과 '더 보기' 링크만 보이며 나머지는 숨겨졌음을 알 수 있다. 모든 것이 문제없어 보인다. 만약 그렇지 않다면 개발자 콘솔을 통해 잘못된 사항이 있는지 확인하기 바란다.

DOM 이벤트

이제 마지막으로 해야 할 일이 하나 더 있다. '더 보기' 링크에 무언가 기능이 필요하다. 지금은 링크를 클릭해보았자 아무 변화가 없거나 페이지 맨 위로 올라가고 단지 URL 끝에 해시가 하나 덧붙을 뿐이다.

오류 방지 측면에서 보면 지금은 매우 안전한 상황이다. 어떤 작은 사고가 일어난다 하더라도, 즉 우리 스크립트에 에러가 있든 외부 스크립트에 에러가 있든 심지어 브라우저에 오류가 있든 콘텐츠는 여전히 사용할 수 있는 상태다.

'더 보기' 링크에 대한 작업은 마크업에 하드코딩[1]하는 대신 자바스크립트로 할 것이다. 따라서 어떤 이유로든 자바스크립트를 사용할 수 없는 사용자 환경이라면 이 링크는 무용지물이 될 것이다. 그러나 앞서 다른 단락을 숨기는 일 역시 스타일시트에서 클래스를 하드코딩하는 대신 자바스크립트로 구현했다. 따라서 스크립트가 동작하지 않더라도 모든 콘텐츠는 여전히 사용자에게 보인다.

사용할 수 있는 기능으로 시작해 그것을 바탕으로 향상된 자바스크립트 기능을 하나씩 얹는 것을 점진적 향상progressive enhancement

---

1 사용자 입력 없이 소스 코드에 데이터를 직접 작성해두는 것을 말한다.

이라 한다. 이는 나중에 다시 살펴보고 지금은 먼저 스크립트를 완성할 것이다.

DOM 이벤트는 브라우저에서 발생하는 사건을 나타내는 API다. 여기에는 사용자 행동, CSS 애니메이션, 이미지 로딩 완료와 같은 브라우저 내부의 이벤트 등이 포함된다.

그중에서 우리는 사용자의 행동, 즉 정확히 사용자 이벤트user event라는 영역에 들어왔다. 우리는 사용자가 링크를 클릭했을 때 수행해야 하는 동작을 만들어야 한다. 또다시 DOM을 탐색하거나 페이지의 모든 링크를 검색할 필요는 없다. 이미 링크에 대한 참조를 갖고 있고 이벤트를 감지할 수 있는 DOM의 내장 메서드 addEventListener를 이용할 것이기 때문이다.

그렇다면 함수 작성을 시작해보자. 사용자가 링크를 클릭하면 어떤 일이 벌어지기를 원하는가?

먼저 숨겼던 모든 단락을 다시 보이게 해야 할 것이다. 그러려면 그 단락들의 스타일을 display: block으로 변경해야 한다. 모든 단락이 보인다면 '더 보기' 링크는 더 이상 의미가 없다. 따라서 그다음에 할 일은 '더 보기' 링크를 DOM에서 제거하는 것이다.

먼저 revealCopy라는 식별자를 갖는 새 함수를 만들어보자. 단, 지금은 함수가 잘 호출되는지 확인하기 위해 console.log만을 넣는다. 그다음에는 클릭 이벤트를 감지하게 newLink의 addEventListener를 사용한다. addEventListener는 두 개의 인자를 받는다. 하나는 감지하고자 하는 이벤트 유형을 나타내는 문자열(여기서는 "click")이며, 또 하나는 그 이벤트가 발생했을 때 실행하고자 하는 함수다.

```
var newLink = document.createElement( "a" );
var allParagraphs = document.getElementsByTagName(
    "p" );
```

```
    var firstParagraph = allParagraphs[ 0 ];

    function revealCopy() {
      console.log( "Clicked!" );
    }

    newLink.setAttribute( "href", "#" );
    newLink.setAttribute( "class", "more-link" );
    newLink.innerHTML = "더 보기";

    newLink.addEventListener( "click", revealCopy );

    for( var i = 0; i < allParagraphs.length; i++ ) {
      if( i === 0 ) {
        continue;
      }
      allParagraphs[ i ].style.display = "none";
    }

    firstParagraph.appendChild( newLink );
```

지금까지는 순조롭다. 링크를 클릭하면 콘솔에서 Clicked!라는 로그를 볼 수 있다.

브라우저는 여전히 링크를 따라가지만 아직 링크의 href에 해시가 지정된 상태이므로 실제 변화는 없다. 따라서 링크가 어떤 기능을 할 수 있게 해야 하는데, 사용자를 새로운 페이지로 이동시키지는 않을 것이다.

다행히 addEventListener는 사용자의 클릭 이벤트 정보를 예상했듯이 객체 형태로 알려준다. 마찬가지로 그 객체에는 이벤트에 관련된 여러 속성뿐 아니라 브라우저 동작을 제어할 수 있는 여러 메서드가 포함되어 있다. 이벤트 객체는 인자로 받을 수 있는데, 식별자를 부여하기 전에는 사용할 수 없다. 보통은 관례적으로 'event'를 줄여서 e로 사용한다. 그럼 이제 이벤트 객체를 인자로 받아 console.log를 통해 그 객체의 내용을 볼 수 있게 수정해 보자.

```javascript
var newLink = document.createElement( "a" );
var allParagraphs = document.getElementsByTagName( "p" );
var firstParagraph = allParagraphs[ 0 ];

function revealCopy( e ) {
  console.log( e );
}

newLink.setAttribute( "href", "#" );
newLink.setAttribute( "class", "more-link" );
newLink.innerHTML = "더 보기";

newLink.addEventListener( "click", revealCopy );

for( var i = 0; i < allParagraphs.length; i++ ) {
  if( i === 0 ) {
    continue;
  }
  allParagraphs[ i ].style.display = "none";
}

firstParagraph.appendChild( newLink );
```

이제 링크를 클릭하면 암호처럼 보이는 객체 정보를 콘솔에서 볼 수 있다.

MouseEvent {isTrusted: true, screenX: 247, screenY: 318, clientX: 166, clientY: 190, ...}

많은 사항 중에서 일단 이벤트 객체의 메서드 하나를 주목해보자. 바로 e.preventDefault()인데, 이 메서드는 이벤트가 발생할 때 브라우저가 기본적으로 수행하는 동작(다음 예제에서는 링크를 따라가는 동작)을 서지한다. 이 메서드는 이벤트와 바인딩된 함수 안에서 어디든 위치할 수 있다. 즉 여기서는 revealCopy 함수 안에 e.preventDefault()가 존재하는 한 브라우저는 링크를 따라가지 않는다.

```
var newLink = document.createElement( "a" );
var allParagraphs = document.getElementsByTagName(
   "p" );
var firstParagraph = allParagraphs[ 0 ];

function revealCopy( e ) {
  e.preventDefault();
};

newLink.setAttribute( "href", "#" );
newLink.setAttribute( "class", "more-link" );
newLink.innerHTML = "더 보기";

newLink.addEventListener( "click", revealCopy );

for( var i = 0; i < allParagraphs.length; i++ ) {
  if( i === 0 ) {
    continue;
  }
  allParagraphs[ i ].style.display = "none";
}

firstParagraph.appendChild( newLink );
```

이제 링크의 href에 지정한 해시는 완전히 무시될 것이다. 설령 newLink.setAttribute("href", "#")가 어떤 실제 URL을 가리키게 변경했다 하더라도 링크를 클릭해보았자 아무 곳으로도 이동하지 못하는 것은 마찬가지다. 이로써 완벽한 준비가 되었으므로 함수가 실제 기능을 하도록 만들어보자.

숨겨진 각 단락의 display 속성을 단락이 표시되게 하는 값, 예컨대 block으로 변경해야 하므로 전체 단락에 대해 다시 한 번 루프를 돌려야 한다. 일단 기존의 allParagraphs 변수와 for 루프를 그대로 복사해 revealCopy 함수 안에 넣게 한다. 그리고 display의 값이 "none"이 아닌 "block"이 되게 변경하면 된다.

```
var newLink = document.createElement( "a" );
var allParagraphs = document.getElementsByTagName(
  "p" );
var firstParagraph = allParagraphs[ 0 ];

function revealCopy( e ) {
  var allParagraphs = document.getElementsByTagName(
    "p" );

  for( var i = 0; i < allParagraphs.length; i++ ) {
    if( i === 0 ) {
      continue;
    }
    allParagraphs[ i ].style.display = "block";
  }
  e.preventDefault();
}

newLink.setAttribute( "href", "#" );
newLink.setAttribute( "class", "more-link" );
newLink.innerHTML = "더 보기";
newLink.addEventListener( "click", revealCopy );
for( var i = 0; i < allParagraphs.length; i++ ) {
  if( i === 0 ) {
```

```
      continue;
    }
    allParagraphs[ i ].style.display = "none";
  }

  firstParagraph.appendChild( newLink );
```

이렇게 코드를 복사해서 사용해도 작동은 잘 한다. 그러나 이는 전혀 DRY하지 못하므로 나중에 모든 기능이 완성되면 정리 작업을 할 것이다. 어쨌든 이제 브라우저에서 확인하면 거의 완성에 가까워졌음을 알 수 있다. 페이지가 처음 로딩되면 첫 번째 단락만 보이고 링크를 클릭하면 나머지 단락이 모두 나타난다.

아직 해야 할 일이 하나 더 있다. 바로 '더 보기' 링크를 없애는 일이다. 일단 모든 단락이 보여진 다음에는 아무 역할도 하지 못하기 때문이다. 모든 DOM 노드에는 remove라는 메서드가 내장되어 있어 링크 제거는 매우 쉽다. 이 메서드의 역할에 대해서는 여러분이 짐작한 그대로다.

먼저 제거하고자 하는 '더 보기' 링크의 참조가 필요하다. 이를 위해 DOM을 탐색할 필요는 없다. 이벤트가 부착된 함수 안에서의 this 키워드는 이벤트를 촉발시킨 요소를 참조하기 때문이다. 즉 revealCopy 안에서 this는 '더 보기' 노드를 참조하므로 remove()를 호출하면 된다.

```
var newLink = document.createElement( "a" );
var allParagraphs = document.getElementsByTagName(
  "p" );
var firstParagraph = allParagraphs[ 0 ];

function revealCopy( e ) {
  var allParagraphs = document.getElementsByTagName(
```

```
        "p" );

    for( var i = 0; i < allParagraphs.length; i++ ) {
      if( i === 0 ) {
        continue;
      }

      allParagraphs[ i ].style.display = "block";
    }
    this.remove();
    e.preventDefault();
  }

  newLink.setAttribute( "href", "#" );
  newLink.setAttribute( "class", "more-link" );
  newLink.innerHTML = "더 보기|";
  newLink.addEventListener( "click", revealCopy );

  for( var i = 0; i < allParagraphs.length; i++ ) {
    if( i === 0 ) {
      continue;
    }
    allParagraphs[ i ].style.display = "none";
  }

  firstParagraph.appendChild( newLink );
```

제대로 작동한다. 완전히 깔끔한 코드라고 할 수는 없지만 정확히 목표하는 바대로 작동하는, 이를테면 최소 기능 제품^{minimum viable product : MVP}이 완성되었다. 금메달까지는 아니지만 적어도 참가상은 받은 격이다.

이제부터는 최적화의 시간이다.

앞서 for 루프를 복사해서 사용했던 기억이 나는가? 바로 그 부분에 무언가 향상시킬 수 있는 여지가 있어 보인다. 이미 모든 단락에는 루프를 순환하면서 첫 번째 단락을 제외한 나머지 단락의 `display` 속성을 변경하는 함수가 있다. 그런데 함수는 재사용하라고 있는 것이다. 이 예제에서 `display` 속성을 변경해야 할 상황은 두 번이다. 처음에는 `none`을 할당해야 하며, 링크가 클릭되었을 때는 `block`을 할당해야 한다. 이제 기존의 함수가 두 경우를 모두 만족시킬 수 있도록 리팩토링을 할 것이다.

  중요한 순서대로 하면 함수의 이름부터 바꿔야 한다. 이제는 단지 단락을 보여주는 것뿐 아니라 단락을 숨기는 기능까지 해야 한다. 즉 단락의 가시성을 바꾸므로 `toggleCopy`라고 명명하는 것이 적당할 것이다. 또한 함수의 식별자뿐 아니라 `addEventListener`의 두 번째 인자도 변경해야 한다. 그 다음에는 원래 `for` 루프 대신 이 `toggleCopy` 함수를 호출해야 한다.

```
var newLink = document.createElement( "a" );
var allParagraphs = document.getElementsByTagName(
  "p" );
var firstParagraph = allParagraphs[ 0 ];

function toggleCopy( e ) {
  var allParagraphs = document.getElementsByTagName(
    "p" );

  for( var i = 0; i < allParagraphs.length; i++ ) {
    if( i === 0 ) {
      continue;
    }
    allParagraphs[ i ].style.display = "block";
  }
  this.remove();
  e.preventDefault();
```

```
            }

            newLink.setAttribute( "href", "#" );
            newLink.setAttribute( "class", "more-link" );
            newLink.innerHTML = "더 보기";
            newLink.addEventListener( "click", toggleCopy );

            toggleCopy();

            firstParagraph.appendChild( newLink );
```

어어.

Uncaught TypeError: this.remove is not a function

자바스크립트는 `remove()` 메서드를 갖고 있는 DOM 노드의 참조가 `this`라고 기대한다. 그러나 이는 이벤트 영역이 아니라면 적용되지 않는다. 이 에러로 인해 스크립트가 더 이상 진행되지는 않았지만 사실 그다음에도 에러가 발생할 곳은 또 있다. 이 함수는 인자 `e`에 `preventDefault` 메서드가 부착되었을 거라고 기대한다. 그러나 이벤트에 반응해 호출되는 경우가 아니라면 `e`는 존재하지 않는다. `e`는 `addEventListener`를 통해 객체를 부여하지 않는다면 단지 `undefined`를 갖는 식별자일 뿐이기 때문이다.

콘솔에 나타난 에러를 처리해보자. 먼저 `this`가 링크를 참조하는 것이 확실한지 확인해야 한다. 확실하다면 그때 제거하면 되며 이는 쉽다. 이미 '더 보기' 링크에 대한 참조, 즉 `newLink`가 있기 때문이다. 따라서 `this`가 `newLink`와 같은지만 확인하면 된다.

```
var newLink = document.createElement( "a" );
var allParagraphs = document.getElementsByTagName(
  "p" );
var firstParagraph = allParagraphs[ 0 ];

function toggleCopy( e ) {
  var allParagraphs = document.getElementsByTagName(
    "p" );

  for( var i = 0; i < allParagraphs.length; i++ ) {
    if( i === 0 ) {
      continue;
    }
    allParagraphs[ i ].style.display = "block";
    }

    if( this === newLink ) {
      this.remove();
    }

  e.preventDefault();
}

newLink.setAttribute( "href", "#" );
newLink.setAttribute( "class", "more-link" );
newLink.innerHTML = "더 보기|";
newLink.addEventListener( "click", toggleCopy );

toggleCopy();

firstParagraph.appendChild( newLink );
```

페이지를 새로고침하면 우리가 예상했던 preventDefault 에러가 나타난다.

Uncaught TypeError: Cannot read property
'preventDefault' of undefined

인자 없이 toggleCopy를 호출하면 e는 undefined 값을 갖게 된다. 그리고 undefined에는 preventDefault 메서드가 분명히 없을 것이다. 이 경우 식별자 e는 단지 함수가 원하는 조건 아래에서 실행되는지 확인할 수 있는 수단, 즉 undefined를 제공할 뿐이다. 따라서 e가 undefined가 아닌 경우에만 e.preventDefault를 호출하도록 수정해야 한다.

```javascript
var newLink = document.createElement( "a" );
var allParagraphs = document.getElementsByTagName( "p" );
var firstParagraph = allParagraphs[ 0 ];

function toggleCopy( e ) {
  var allParagraphs = document.getElementsByTagName( "p" );

  for( var i = 0; i < allParagraphs.length; i++ ) {
    if( i === 0 ) {
      continue;
    }
    allParagraphs[ i ].style.display = "block";
  }

  if( this === newLink ) {
    this.remove();
  }

  if( e !== undefined ) {
    e.preventDefault();
  }
```

```
        }

        newLink.setAttribute( "href", "#" );
        newLink.setAttribute( "class", "more-link" );
        newLink.innerHTML = "더 보기";
        newLink.addEventListener( "click", toggleCopy );

        toggleCopy();

        firstParagraph.appendChild( newLink );
```

이제 더 이상의 에러는 없으나 여전히 큰 가정을 하고 있다. 이벤트 영역 밖에서 이 함수에 인자를 전달하며 호출한다면 `e`는 undefined가 아닐 수 있다. 이 경우 `e`는 어떤 값이라도 될 수 있으며 `preventDefault` 메서드가 없을 가능성이 매우 높다. 따라서 또 하나의 에러를 얻게 될 것이다. 우리는 `toggleCopy`에 인자로서 아무 값이나 던질 만큼 어리석지 않다. 우리가 만들었기 때문이다. 그러나 다른 사람이라면? 따라서 나중에 이 코드를 관리하게 될 담당자를 위한 약간의 에러 예방 조치를 해둔다면 최소한 손해볼 일은 없다.

추가 에러에 대한 예방을 위해 조건 부분을 더 명확히 해보자. 일단 인자가 존재하는지 확인하는 것이 최우선이다. 만약 존재한다면 그 인자가 `preventDefault` 메서드를 갖고 있는지 확인한다. 이는 두 값의 평가 결과가 모두 `true`인지 확인하는 경우이므로 `&&`을 사용하면 좋다.

```
        var newLink = document.createElement( "a" );
        var allParagraphs = document.getElementsByTagName(
          "p" );
        var firstParagraph = allParagraphs[ 0 ];
```

```javascript
function toggleCopy( e ) {
  var allParagraphs = document.getElementsByTagName(
    "p" );

  for( var i = 0; i < allParagraphs.length; i++ ) {
    if( i === 0 ) {
      continue;
    }
    allParagraphs[ i ].style.display = "block";
  }

  if( this === newLink ) {
    this.remove();
  }
  if( e !== undefined && e.preventDefault !==
    undefined ) {
    e.preventDefault();
  }
}

newLink.setAttribute( "href", "#" );
newLink.setAttribute( "class", "more-link" );
newLink.innerHTML = "더 보기";
newLink.addEventListener( "click", toggleCopy );

toggleCopy();

firstParagraph.appendChild( newLink );
```

여전히 에러는 없다. 모두 다 좋다.

그러나 숨겼어야 할 것들이 숨겨지지 않았다. 항상 display가 block이었기 때문이다. 오직 숨겨져 있는 요소에만 block이 지정될 수 있어야 한다. 즉 단락의 display 속성이 none인지 확인하고, 만약 그렇다면 block을 지정해야 한다. 또한 그렇지 않은 단락에는 여전히 none을 지정해야 한다.

```javascript
var newLink = document.createElement( "a" );
var allParagraphs = document.getElementsByTagName(
  "p" );
var firstParagraph = allParagraphs[ 0 ];

function toggleCopy( e ) {
  var allParagraphs = document.getElementsByTagName(
    "p" );

  for( var i = 0; i < allParagraphs.length; i++ ) {
    if( i === 0 ) {
      continue;
    }
    if( allParagraphs[ i ].style.display === "none" ) {
      allParagraphs[ i ].style.display = "block";
    } else {
      allParagraphs[ i ].style.display = "none";
    }
  }

  if( this === newLink ) {
    this.remove();
  }

  if( e !== undefined && e.preventDefault !==
    undefined ) {
    e.preventDefault();
  }
}

newLink.setAttribute( "href", "#" );
newLink.setAttribute( "class", "more-link" );
newLink.innerHTML = "더 보기";
```

```
newLink.addEventListener( "click", toggleCopy );

toggleCopy();

firstParagraph.appendChild( newLink );
```

이번에도 잘 작동한다. 작은 사항 하나만 더 살펴보자. 우리는 식별자 하나로 참조할 수 있는데도 `allParagraphs[ i ]`를 반복해서 사용하고 있다.

자잘한 일로 트집 잡는 것처럼 보일 수도 있지만 조심해서 나쁠 것은 없다.

```
var newLink = document.createElement( "a" );
var allParagraphs = document.getElementsByTagName(
  "p" );
var firstParagraph = allParagraphs[ 0 ];

function toggleCopy( e ) {
  var allParagraphs = document.getElementsByTagName(
    "p" );

  for( var i = 0; i < allParagraphs.length; i++ ) {
    var para = allParagraphs[ i ];

    if( i === 0 ) {
      continue;
    }
    if( para.style.display === "none" ) {
      para.style.display = "block";
    } else {
      para.style.display = "none";
    }
  }
}
```

```
  if( this === newLink ) {
    this.remove();
  }

  if( e !== undefined && e.preventDefault !==
    undefined ) {
    e.preventDefault();
  }
}

newLink.setAttribute( "href", "#" );
newLink.setAttribute( "class", "more-link" );
newLink.innerHTML = "더 보기";
newLink.addEventListener( "click", toggleCopy );

toggleCopy();

firstParagraph.appendChild( newLink );
```

우리가 열중하는 사이 우리도 모르게 전역 범위를 조금 오염시켰다. 모든 변수를 함수의 내부가 아닌 window에 추가한 것이다. 예컨대 콘솔에서 다음과 같이 실행해보자.

```
window.newLink
<a href="#" class="more-link">더 보기</a>
```

전역 범위를 지저분하게 만들고 싶지는 않으므로 이 모든 것을 하나의 함수로 감싸자. 또한 페이지가 로딩될 때 이 함수를 외부에서 참조할 일이 없으므로 함수의 식별자는 주지 않아도 된다. 즉 모든 것을 익명 함수^{anonymous function}로 감싸서 즉각 실행될 수 있게 하는 일인데, 이를 즉시 실행 함수^{immediately-invoked function expression : IIFE}라고 한다. 조금 이상해 보이기도 하고 몇 가지 다른 방법도 있지만 이 문법의 요지는 이렇다. 익명 함수를 괄호로 감싸면 자바스크립트는 function 키워드의 어떤 인스턴스도 선언이 아닌 표현식으로 인정한다. 즉 식별자와 함께 무언가의 선언이 아닌 함수의 호출을 의미한다. function 다음 한 쌍의 괄호는 이 새 함수를 즉시 개시한다는 뜻이다.

사실대로 말하면 지금 우리는 다소 학구적인 영역에 들어와 있다. 물론 IIFE 패턴이 중요하지만 자바스크립트가 괄호와 관련해 어떻게 처리하는지 자세한 사항을 알 필요는 없다. 지금은 액면 그대로만 받아들이면 된다.

```
(function() {
  var newLink = document.createElement( "a" );
  var allParagraphs = document.getElementsByTagName(
     "p" );
  var firstParagraph = allParagraphs[ 0 ];
  function toggleCopy( e ) {
    var allParagraphs = document.getElementsByTagName(
       "p" );

    for( var i = 0; i < allParagraphs.length; i++ ) {
      var para = allParagraphs[ i ];

      if( i === 0 ) {
        continue;
      }
      if( para.style.display === "none" ) {
        para.style.display = "block";
      } else {
        para.style.display = "none";
      }
    }
```

```
      if( this === newLink ) {
        this.remove();
      }

      if( e !== undefined && e.preventDefault !==
        undefined ) {
        e.preventDefault();
      }
    };

    newLink.setAttribute( "href", "#" );
    newLink.setAttribute( "class", "more-link" );
    newLink.innerHTML = "더 보기";
    newLink.addEventListener( "click", toggleCopy );

    toggleCopy();

    firstParagraph.appendChild( newLink );
  }());
```

이제 콘솔에서 window.newLink를 실행하면 *undefined*라는 결과를 볼 수 있다. IIFE 외부에서 접근할 일이 없는 식별자로 전역 범위를 오염시키는 일을 하지 않은 것이다.

window.newLink
undefined

완벽하다.

음, 인정한다. 완벽하지 않다. 사실 결코 완벽할 수 없다. 스크립트를 최적화하고 또 최적화하는 식으로 영원히 반복할 수 있는, 수정할 거리는 늘 있기 때문이다. 그러나 지금 정도면 매우 훌륭하다고 평가할 수 있다. 전역 범위의 오염 문제를 해결했고, 코드 전체를 DRY하게 했으며, 스크립트가 더 많아진 후에도 쉽게 읽고 관리할 수 있게 만들었기 때문이다.

점진적 향상

책임 있게 작동하는 스크립트를 만드는 일이 늘 쉽지만은 않다. 브라우저를 대신해야 하고 링크 클릭과 같은 일반적이고 예측 가능한 사용자 경험도 수용해야 하기 때문이다. 그런 것을 방해가 되지 않게 구현할 수 있다면 브라우저가 원래 할 수 있는 것보다 더 좋고 총체적으로 더 유연한 사용자 경험을 만들 수 있다.

그러나 스크립트를 그렇게 만들지 못한다면 단순히 잘못 배치된 div를 보여주는 수준보다 훨씬 나쁜 무언가를 만들게 된다. 전혀 사용할 수 없는 것이 될지도 모른다. 웹이란 원래 예측할 수 없는 매체이므로 반드시 그에 대한 계획이 있어야 한다. HTML이나 CSS보다 자바스크립트를 작성할 때 훨씬 더 그렇다.

앞서 살펴보았지만 단락을 토글할 수 있는 기능을 한쪽 귀퉁이에 넣는다고 하자. 처음에는 CSS를 사용해 단락을 숨겼다가 자바스크립트를 사용해 다시 보이게 만들 수 있다. 또 다른 방법으로는 스크립트의 기능을 항상 사용할 수 있다는 전제하에 '더 보기' 링크를 아예 하드코딩할 수도 있다. 후자의 경우 스크립트 어딘가에서 에러가 발생하는 등 무언가 잘못된 일이 생기면 골칫거리가 될 수 있다. 예컨대 사용자는 아무 기능도 하지 못하는 '더 보기' 링크를 여전히 보아야 할 수도 있는 것이다. 그러나 전자의 경우가 훨씬 더 심각하다. 어떤 이유로든 자바스크립트를 사용할 수 없는 환경의 사용자는 완전한 페이지 콘텐츠에 접근할 수 있는 방법이 아예 없기 때문이다.

중대한 기능을 온전히 자바스크립트에만 의존하는, 다시 말해 자바스크립트를 항상 사용할 수 있을 것이라고 가정하고 만든 사이트는 쉽게 실패할 수 있다. 사용자의 브라우징 환경은 분 단위로도 바뀔 수 있으며, 스크립트가 작동하지 못할 때를 대비해 어떤 계획도 세울 수 없기 때문이다.

지난 일이지만 나는 이단 마콧Ethan Marcotte, 스콧 젤, 필라멘트 그룹Filament Group 직원들과 함께 《보스턴 글로브Boston Globe》의 반응형 웹사이트 구축에 참여한 적이 있었다. 점진적 향상을 염두에 두었으며 최소한 그것이 방해 요인이 되지는 않았다. 이렇게 말해도 될지 모르겠지만 심지어 몇몇 엄청난 기능도 구현할 수 있었다(https://www.bostonglobe.com/).

그 프로젝트에서 몇 가지 까다로운 문제를 해결할 때도 우리는 제대로 점진적 향상을 적용했다. "이 기능이 작동하지 않더라도 사용자가 여전히 원래의 정보에 접근하게 하려면 어떻게 해야 할까?" 겉으로만 보면 그것은 너무나 극단적인 상황을 대비하는 훈련과도 같아 보였다. 당시에는 웹사이트에 적용할 작은 결정도 그리 중대한 사안으로 여기지 않았다.

보스턴 마라톤 폭발 사건이 일어난 것은 몇 년 뒤였다. 도시 전역의 상황에 대한 최신 정보를 얻을 수 있는 것은 그날의 엄청나게 많은 사람에게 매우 중요한 일이었다. 대다수가 《보스턴 글로브》 사이트에 접속했다. 급증하는 트래픽으로 CSS나 자바스크립트 같은 웹 자원을 배포하는 《보스턴 글로브》의 CDN content delivery network 서버가 결국 버티지 못하고 다운되었다. 그날 오후부터 《보스턴 글로브》 웹사이트는 한동안 CSS나 자바스크립트 없이 HTML만 존재하게 된 것이다.

웹사이트는 깨져 보였으며 자바스크립트의 고급 기능은 계속 작동하지 않았다. 오프라인 읽기도, 내비게이션 메뉴의 드롭다운도 되지 않았다. 어떤 때는 사이트 전체가 하얀 바탕에 검은 Times New Roman 서체만 보였다. 그리고 어떤 때는 CSS나 자바스크립트가 일부만 적용되기도 했다. 어떤 스크립트도 에러 없이 제대로 작동하는 경우는 거의 없었으며 이는 불가항력이었다.

그러나 BostonGlobe.com의 방문자들은 여전히 사이트를 이용할 수 있었고 뉴스도 읽을 수 있었다. 웹사이트는 작동하고 있었던 것이다. 만약 우리가 자바스크립트가 언제나 콘텐츠를 보여줄 수 있을 것이라 가정하고 콘텐츠의 일부를 숨기는 일을 CSS에 의존했다면 그날의 사용자들은 사이트를 이용하지 못했을 것이다. 만약 우리가 페이지의 중요한 부분을 가져오고 렌더링하기 위해 자바스크립트에 의존했다면 그 콘텐츠는 결코 표시되지 않았을 것이다. 만약 우리가 자바스크립트가 제어해야 할 부분을 하드코딩했다면 그 역시 무용지물이 되었을 것이다. 상상도 할 수 없는 최악의 시기에 사용자에게 혼란과 절망만을 안겨주었을 것이다.

점진적 향상은 자바스크립트를 작성할 때 고려해야 할 사항이다. 솔직히 말하면 때로는 점진적 향상이 추가적으로 무언가 해야 하는 일이라는 의미로 전달되곤 한다. 그러나 그것은 왜곡되었다. BostonGlobe.com의 자바스크립트와 관련된 결정은 대세에 지장이 없는 하찮은 것으로 여겨졌다. 그러나 그 결정은 그 사건이 있던 날의 사용자 수만 명에게 엄청난 위력을 발휘했다. 그 사용자들에게 점진적 향상이란 필요한 정보를 즉시 찾게 되는 상황과 계속 찾기를 시도해야 하는 상황과의 차이를 의미했다. 즉 아느냐, 알지 못하느냐의 차이다.

결론

먼 길을 왔다. "Hello, world"에서 시작해 사용자의 행위로 전체 페이지를 변화시키는 것까지 마스터했다.

몇 페이지도 안 되는 이 책이 자바스크립트의 지옥을 보여주었을 수도 있다. 따라서 모든 개별 지식을 다 이해하지 못했을 수도 있고, 모든 코드를 콘솔에서 직접 실행해보지 못했을 수도 있다. 그러나 걱정하지 않아도 된다. 이 책의 원래 목적은 자바스크립트를 통달하게 만드는 것이 아니었기 때문이다. 이 책에서는 자바스크립트가 할 수 있는 전체의 극히 일부만 다루었다. 게다가 다른 웹 표준과 마찬가지로 자바스크립트도 꾸준히 진화한다. 따라서 그 모든 것을 알 수 없으며 그렇게 해서도 안 된다. 나는 지금껏 자바스크립트로 무언가 할 수 있는 가장 좋은 방법을 찾기 위해 많은 시간을 할애했다.

자바스크립트가 제공하고 있거나 언젠가는 제공할 모든 흥미로운 새 API와 기능, 브라우저를 압도하는 능력에도 불구하고 그 기본은 변하지 않는다. 배열은 여전히 배열이고, 이벤트는 여전히 이벤트다. 이 책에서 본 모든 내용은 여러분이 직접 사용하게 될 것이며, 다른 사람이 작성한 스크립트에서 보게 될 것이다.

이 시점에서 여러분이 특별한 프로그래머의 두뇌를 갑자기 갖게 되었으리라고는 생각하지 않는다. 누구도 그렇게 될 수 있는 사람은 없다. 게다가 그런 두뇌가 개발자를 만드는 것도 아니다. 개발자를 만드는 것은 호기심, 배우려는 의지, 퍼즐을 풀고 싶은 욕구다. 이 글을 읽고 있는 여러분은 이미 자신만의 길로 나아가고 있는 것이다.

감사의 글

감사의 글을 쓸 날이 오리라고 생각하지 못했다. 솔직히 말하면 이 책의 다른 부분도 그렇다.

내가 글을 쓰고, 강연을 하고, 책상이 있는 직장을 구하는 그 모든 것은 나를 도와준 사람들 덕분이다. 총명함과 친절함으로, 필요할 때는 꾸짖는 마음으로 나같이 하찮은 사람도 이런 일을 할 수 있게 도와주었다.

케이틀 르두, 제프리 젤드먼, 제이슨 산타 마리아는 어 북 어파트에서 대단한 작업을 했으며 내가 조금이나마 기여할 수 있었던 것을 엄청난 영광으로 생각한다. 그런 기회를 준 것에 대해 어떤 감사의 말도 부족할 것이다.

피터 리처드슨과 마이크 페니시는 잘못 사용한 용어, 세미콜론 누락, 그리고 정말 끔찍한 undefined의 잘못된 사용을 떨칠 수 있게 해주었다. 이 책이 나온 이후에는 듣지 못할 당신들의 "실제로는"이라는 말이 그리워질 것이다.

에린 키세인이 함께 하지 않았다면 나는 책으로 펴낼 수 있을 만큼 충분히 좋은 글을 쓰지 못했을 것이다. 이미 당신의 수년간의 작업을 보고 감탄해 마지않았던 내가 당신이 나의 담당 편집자가 될 수도 있다는 소식을 들었을 때 비로소 이 책을 끝까지 해낼 수 있다고 처음으로 느꼈다.

보쿱과 필라멘트 그룹에 과거에 있었고 현재 있는 여러분. 당신들의 명민함과 책임감을 배우지 못했다면 나는 아무것도 할 수 없었을 것이다. 앞으로도 당신들을 자랑스럽게 생각할 것이다.

LMM, 이 책의 편집에 참여한 것은 근사한 일이었다. 그리고 그보다 더 근사한 것은 당신이 내 여자 친구라는 사실이다. 내가 집

필에만 몰두했는데도 여자 친구로 계속 남아준 것은 더더욱 근사한 일이다. 당신이 없었다면 이 일을 해내지 못했을 것이다. 고마움을 전한다. 당신이 없었다면 아무것도 할 수 없었을 것이다.

마지막으로 어머니, 몇 년 전 아버지가 내게 "책을 써보라"고 했던 때를 기억하세요? 그리고 "오래된 자전거를 수리해야 한다"라고도 말하셨죠. 아버지는 여전히 저를 귀찮게 하는 분입니다.

그런데 그 둘 중 하나는 좋은 제안이 맞았네요.

옮긴이의 글

믿기지 않겠지만 자바스크립트는 웹 브라우저에서만 작동하는 스크립트이며 다른 프로그래밍 언어에 비해 배우기 쉬워서 웹 분야 종사자나 프로그래머라면 누구나 할 줄 아는 언어입니다. 하지만 자바스크립트를 잘한다는 것이 전혀 자랑거리가 아니던, 수준 낮은 언어로 취급받던 웹 초창기 시절이 있었습니다. 심지어 자바의 짝퉁이라는 오명까지 입으며 말이죠.

그러나 십수 년이 지난 오늘날 자바스크립트에 대해서는 모두 반대로 말해야 맞습니다. 자바스크립트는 웹 브라우저뿐만 아니라 다양한 클라이언트 프로그램에서 작동하며, 심지어 서버 프로그램도 만들 수 있습니다. 이 세상의 다른 어떤 언어와 비교해도 매우 어려운 언어입니다. 자바스크립트를 정말 제대로 아는 사람은 흔하지 않습니다. 자바스크립트를 잘한다는 것은 대단한 자랑거리이며 엄연한 고급 능력으로 인정받습니다. 이렇게 된 이유는 자바스크립트가 웹의 역사와 함께 발전했기 때문입니다. 따라서 저처럼 자바스크립트를 무시했던 시절을 겪은 사람은 정말 중요하고 필수인 이 언어를 공부한다는 것이 선뜻 내키지 않습니다. 내가 자바스크립트 '따위'를 '공부'해야 하다니, 세상에!

《웹디자이너를 위한 자바스크립트》는 저와 같은 고지식한 프로그래머, 프로그래머는 아니지만 자바스크립트의 기초를 제대로 알아야 하는 웹디자이너나 웹 퍼블리셔, 제이쿼리 jQuery나 리액트 React 등 자바스크립트 라이브러리나 프레임워크를 잘 사용하고 있지만 정작 자바스크립트 기본기가 부족한 프로그래머를 위한 책입니다.

하지만 자바스크립트 고수로 만들어주는 책은 아닙니다. 자바스크립트의 가장 핵심적이고 기본을 명확히 이해시킴으로써, 이후에 자바스크립트의 고급 기술이나 여러 응용 프레임워크를 제대로 사용할 수 있도록 탄탄한 기반을 다져주는 책입니다. 아직도 클로저closuer, 호이스팅hoisting, 디바운싱debouncing 등과 같은 고급 기법을 공부해도 부족할 판에 이런 기초적인 책이 왜 필요하냐고 생각하시나요? 그럼 앞에서 했던 말을 다시 한 번 하며 글을 마치겠습니다. 자바스크립트를 정말 제대로 아는 사람은 흔하지 않습니다.

– 이태상

참고 자료

자, 이제 어디로 가야 하는가? 완전한 프로그래밍 언어 하나가 여러분 앞에 놓여 있다. 관련된 책도 많으며 그중에는 꼭 읽어야 할 것도 있다. 그러나 여러분은 지금 무엇을 해야 하는지 알고 있다. 코드를 읽는 일을 대신할 다른 방법은 없다. 진행했던 프로젝트와 관련된 스크립트를 꼼꼼히 읽어보기 바란다. 또는 개인적으로 좋아하는 오픈소스 도구에 포함된 스크립트 코드를 분석해보기 바란다. 이 책에서 다루지 않은 내용이 많겠지만 여러분이 생각하는 이상으로 잘 이해할 것이라 믿는다.

다음 단계

- 모질라 개발자 네트워크 Mozilla Developer Network : MDN 여기까지 왔으니 이제 자바스크립트 전문가로 성공할 수 있는 비결을 공개해야 할 때가 된 것 같다. 바로 커닝하기다. 자바스크립트는 우리 같은 보통 사람들에게는 기억해야 할 것이 너무 많은 언어다. 대문자 사용법이든 브라우저 지원 사항이든 찾아보아야 할 것이 있다면, 그리고 그런 일이 하루에 한 번 이상 생긴다면 모질라 개발자 네트워크를 방문하기 바란다(http://bkaprt.com/jsfwd/07-01/).

- 《책임감 있는 반응형 디자인》Responsible Responsive Design(스콧 젤) 잠깐 다루었지만 사실 점진적 향상은 앞으로 우리가 작성하는 스크립트의 기초를 형성할 개념이다. 모든 사용자가 자바스크립트를 언제나 이용할 수 있다고 보장할 수 없다. 그것은 단지 사용자가 브라우저에서 자바스크립트 관련 기능을 끄기 때

문만이 아니다. 《책임감 있는 반응형 디자인》은 점진적 향상부터 웹 접근성, 성능 부문까지 이른바 인클루시브 디자인 패턴inclusive design pattern에 입각한 프런트엔드 개발에 관해 자세히 다룬다(http://bkaprt.com/jsfwd/07-02/).

- 《만약 헤밍웨이가 자바스크립트로 코딩한다면If Hemingway Wrote JavaScript》(앵거스 크롤) 사실 나는 문학을 좋아한다. 이 책은 제인 오스틴이나 윌리엄 셰익스피어 같은 작가가 자신이 글쓰는 스타일대로 코딩을 했다면 어땠을지 상상으로 관찰하는 책이다. 모든 것을 자바스크립트로만 하지는 않지만 모든 언어는 친숙한 원리로 이루어져 있다. 대문호가 남긴 코드를 구경하는 재미있는 경험을 해보기 바란다(http://bkaprt.com/jsfwd/07-03/).

더 깊이 파보기

이제 자바스크립트를 주 무기로 삼을 수 있을 만큼 충분한 기초를 닦았을 것이다. 만약 자바스크립트 고급 기술을 더 배우고 싶거나 자바스크립트 퍼즐을 푸는 데 여전히 흥미가 있다면 다음 책을 읽기를 바란다.

- 《자바스크립트 개론Eloquent JavaScript》(마레인 하버비케)《웹디자이너를 위한 자바스크립트》의 모든 내용을 대충 건너뛰고 지금 이 글을 읽고 있는 것만 아니라면 《자바스크립트 개론》에서 잘 모르는 부분은 찾지 못할 것이다. 저자 마레인 역시 나와 비슷한 순서로 자바스크립트의 개념을 설명하기 때문이다. 내가 쓴 책보다 더 자세하다(http://eloquentjavascript.net).

- 《자바스크립트 코딩 기법과 핵심 패턴JavaScript Patterns》(스토얀 스테 파노프) 내가 개인적으로 몇 번 다시 찾아보았던 책이다. 읽 다가 무언가 깊은 생각에 빠지면 내려놓는다. 시간과 경험 이 쌓이면서 책을 조금씩 깊이 이해하게 되었으며, 완전히 알 고 있다고 생각했던 자바스크립트의 여러 부분을 재검토할 수 있는 수많은 방법에 대해 알게 되었다(http://bkaprt.com/jsfwd/07-04/).

- 《이펙티브 자바스크립트Effective JavaScript》(데이비드 허먼) 앞의 책들 과 마찬가지로 《이펙티브 자바스크립트》도 읽기 만만한 책은 아니다. 그러나 매우 이해하기 쉽게 개념을 따라가며, 필수적 인 모범 사례와 권고 사항들이 잘 정리되어 있다(http://effectivejs.com/).

참고 URL

본문에 나오는 단축 URL을 순서대로 정리했다. 각 단축 URL은 다음 목록을 통해 확인할 수 있다.

서문

00-01   https://en.wikipedia.org/wiki/JavaScript#History

00-02   https://css-tricks.com/dom/

1장   개발 준비

01-01   https://abookapart.com/products/responsible-responsive-design

01-02   https://en.wikipedia.org/wiki/Read-eval-print_loop

참고 자료

07-01   https://developer.mozilla.org/en-US/

07-02   https://abookapart.com/products/responsible-responsive-design

07-03   https://nostarch.com/hemingway

07-04   http://shop.oreilly.com/product/9780596806767.do

찾아보기

alert() **29**
API **16**, **122**
ASI **36**
async **23**
break **94**, **115**
continue **115**
defer **23**
DOM **16**, **119**, **122**
    스크립트 **124**
    이벤트 **137**
    트리 **17**
DOM API **124**
DRY **82**
hasOwnProperty **110~112**
HTML5 **21**
if...else **75**
IIFE **153**
NaN **39**, **41**
null **46**
REPL **28**, **33**
undefined **44**, **50**

ㄱ

값
    falsy **80**
    truthy **80**
개발자 도구 **26**
객체(object) **47**, **72**
    window **120**
공백 **36**, **52**
구문
    제어 흐름(control flow) **73**

조건문 **75**
switch **92**

ㄴ

노드 **16**
노드 리스트 **123**, **129**

ㄷ

대괄호 **58~61**
대소문자 구분 **34**
디버깅 **26~31**

ㄹ

라이브스크립트 **12**
루프 **99**
    do...while **114**
    for **99**
    for...in **102**, **109**
    while **112**
    무한 루프 **118**
리팩토링 **83**

ㅁ

모더나이저(Modernizr) **22**
모질라 개발자 네트워크 **164**
문법 강조(syntax highlighting) **26**, **53**
문자열 **43**
    문자열 연결 **44**

ㅂ

배열 **55**
변수 **48**
변수 범위(variable scope) **54**
    전역(global) **54**
    지역(local) **54**
불리언 **46**

ㅅ

세미콜론 **35**
속성 **62**
    프로토타입 **105**
스크립트
    스크립트 로딩 **24**
    스크립트 위치 **21**
    외부 스크립트 **20**
스타일시트 **19**, **125**
식별자 **52**, **131**

ㅇ

에디터 **26**
연산자
    관계 연산자 **85**
    논리 부정 연산자 **83**
    논리 연산자 **86**
    비교 연산자 **79**
    비항등 연산자 **83**
    항등 연산자 **47**, **79**
인덱스 **56**
인자(argument) **69**
인터프리터 **13**

ㅈ

자료형
    숫자형 **41**
    원시 자료형 **40**

점진적 향상 **137**, **156**
제로베이스 인덱스 **57**
젤, 스콧(Jehl, Scott) **24**, **164**
주석 **37**
    한 줄 주석 **37**
지오시티(Geocities) **30**

ㅋ

콘솔 **29**
키-값(key/value) **62**
키워드 **52**

ㅍ

표기법
    객체 리터럴 표기법 **63**
    대괄호 표기법 **64**
    점 표기법 **64**
표현식 그룹화 **87**
플리커 **16**

ㅎ

함수 **67**
형 변환(type coercion) **40**, **70**

어 북 어파트 소개

웹디자인은 다방면의 폭넓은 지식과 고도의 집중력이 필요한 작업이다. '어 북 어파트 A Book Apart' 시리즈는 웹사이트 제작자를 위한 것으로, 웹디자인과 관련된 최신 이슈와 필수적인 주제를 멋스럽고 명료하게, 무엇보다 간결하게 다루고 있다. 디자이너와 개발자는 낭비할 시간이 없기 때문이다.

또한 웹사이트 제작의 까다로운 문제를 좀더 쉽게 이해할 수 있도록 실마리를 제공하여 궁금증을 해결해주고 실제 작업에 활용할 수 있도록 최선을 다하고 있다. 웹 전문가에게 필요한 도구를 제공하고자 하는 우리의 의지를 성원해주시는 데 감사의 말을 전한다.